ウェルビーイング療法

治療マニュアルと事例に合わせた使い方

著
ジョバンニ・A・ファヴァ

監修
堀越勝

監訳
杉浦義典　竹林由武

訳
駒沢あさみ　竹林唯　土井理美　羽鳥健司

星和書店

Well-being Therapy

Treatment Manual and Clinical Applications

by
Giovanni A. Fava

Translated from English
by
Masaru Horikoshi, Ph.D.
Yoshinori Sugiura, Ph.D.
Yoshitake Takebayashi, Ph.D.
Asami Komazawa, Ph.D.
Yui Takebayashi, M.A.
Satomi Doi, Ph.D.
Kenji Hatori, Ph.D.

English Edition Copyright © 2016 by Giovanni A. Fava
All Rights reserved
Japanese Edition Copyright © 2018 by Seiwa Shoten Publishers, Tokyo

日本語版の出版にあたって

　本書は，心理学的ウェルビーイングを向上することに特化した心理療法であるウェルビーイング療法の全容についての解説とマニュアルをはじめて提供するものです。本書の日本語版が，英語版，イタリア語版，中国語版，ポルトガル語版，フランス語版に加わることを大変嬉しく思います。

　第1部では，ウェルビーイング療法がどのように開発され実施されたのかを説明します。第2部では，ウェルビーイング療法を実施する際に必要なアセスメントの概要と，各セッションの治療マニュアルを説明します。第3部では，統制研究や他の有望な応用例に基づいて，ウェルビーイング療法の現状での適応症について，臨床事例の解説を交えて扱います。ウェルビーイング療法は，構造化された日記を用いた心理学的ウェルビーイングの自己観察，患者とセラピストの関わり，ホームワーク（自己療法）に重点を置き，短い期間で実施されます。

　本書の日本語版を求めその翻訳の指揮をおとりいただいた竹林由武・唯夫妻を中心とする日本のチームの皆さまに，心より感謝申し上げます。ウェルビーイング療法によってもたらされた革新的なアプローチは，現時点においては本書では含まれていない領域にまで広がる可能性があります。竹林夫妻の取り組みがウェルビーイング療法の構造と実践の大きな進展に繋がることを確信しています。

ジョバンニ・A・ファヴァ
（Giovanni A. Fava）

巻頭言

　本書は，ウェルビーイング療法（Well Being Therapy：WBT）についての最初の書籍であり，その出版は画期的な出来事です。この強力で豊かな層をなす心理療法の開発におけるジョバンニ・ファヴァ（Giovanni Fava）の先駆的な研究は，一連の研究によって精神疾患に対する有効性を強固に示してきました。しかし，これまでは WBT の詳細，セッションごとの具体的な実施方法が記載された治療マニュアルがありませんでした。本書は，症状が改善し，その人にとってバランスのとれた状態に達することを大いに保証するセラピーの活用を推進することでしょう。

　私がはじめて WBT の導入を受けたのは，幸運にも国際会議でファヴァ博士によって行われたワークショップに参加した時でした。ワークショップの前に私が知っていたのは，WBT が残遺うつと再発予防の研究において強力な結果を示しており，従来の認知行動療法（CBT）よりもポジティブな思考や感情を発達させることに焦点を当てているということでした。私はすぐに，WBT がポジティブ心理学以上のものであること，そして人間の潜在能力に関する多次元モデルに基づいたユニークな治療方法を提供していることに気づきました。

　はじめて参加したこのファヴァ博士のワークショップで教えを受ける中で，私はウェルビーイング体験を記録し続ける実践的な方略によってうつ病の症状が軽減され，気分が改善されうることを学びました。私は WBT にふれるまでは認知行動療法（Cognitive Behavior Therapy：CBT）の実践を長年行ってきて，通常は，ネガティブで厄介な認知と感情を特定することに焦点を当てて，思考を記録するように患者に勧めていました。私は，ネガティブなことを見つけるスキルを磨くように訓練する必要があったのだろうか？　患者がすでに苦痛を伴う自己批判的

な思考に縛られているのであれば，そのような思考を180度回転させる必要があるのだろうか？　私はCBTの中心的な手法を放棄する準備ができていませんでした。私の患者の多くがうつ病や不安を克服する手助けをしてきた技法です。そして，CBTの有効性に関する実証的なエビデンスが豊富にあります。しかし，ファヴァ博士のワークショップによって，私は標準的なCBTの手法に，WBTの手法を追加しようと思うようになりました。

　私がWBTのコンセプトを活用して治療をさらに充実させるために行った最初の試みは励みになりました。私は，治療の難しい状況であった，集中的に薬物療法を行ったにもかかわらず2年以上の間双極性障害の抑うつ症状に翻弄されていた若い女性を選択しました。彼女は両親と同居しており，働くことができませんでした。自尊心が低く，停滞感や将来への絶望感があり，社会関係が著しく制限されており，WBTがターゲットとする機能の多くの領域に深刻な問題がありました。ウェルビーイングの記録に着手したことは，試験的なものではありましたが，生産的なものでした。

　彼女は高校の友人の結婚式に招待されていましたが，招待を受けることを躊躇していました。それでも彼女は，結婚式に着るドレスを買うために買い物をしようと決めました。彼女が最初に記入したウェルビーイングの記録は，もしそれを記録していなければ，彼女の意識にはほとんど留まっていなかったであろう，いくつかの経験が取り込まれていました。彼女は，年配の女性の店員が彼女に特別な注意を払ってとても優しく親切にイベントに合う衣装を探すのを手助けしてくれたことを書きました。彼女は，その店員の励ましの声と暖かい笑顔によって，ウェルビーイングの感覚を得ました。これは，彼女がその出来事を記録する時間を取っていなければ味わうことができなかったことでしょう。

　治療が進行するにつれて，私たちは，他のたくさんのウェルビーイングのエピソードを認識し維持するために，この最初の経験に積み重ねて

いきました。最終的にはウェルビーイングの体験は，記録を取らずとも自然に，彼女の日常に深く留まるようになりました。回避のパターンを克服するための標準的な CBT の曝露技法を使用することに加えて，自信と自己効力感を構築するために，ファヴァ博士のいう自律性，個人的成長などの主要な機能の領域を改善するためのウェルビーイング療法の技法を用いて，彼女とともに取り組みました。その結果は，素晴らしいものでした。この巻頭言を書いている時点で，彼女は 7 年以上にわたり抑うつ症状がなく，厳しい仕事の中でもうまく働いており，独立して生活を送り，結婚の約束もしています。私が WBT を試みたすべてのケースでこのような高いレベルの成功に達したわけではありませんが，ほとんどの患者にとって有益なものでした。私は WBT の概念を患者との日常臨床の中に取り入れました。

WBT は，個人の 6 つの機能領域に焦点を当てることで，従来の CBT では実現しえない魅力的な深みを持ちます。ファヴァ博士が指摘しているように，これらの領域（環境制御力，個人的成長，人生の目的，自律性，自己受容，積極的な他者関係）は，1958 年に刊行された *Current Concepts of Positive Mental Health*（ポジティブメンタルヘルスの現代的コンセプト）の中でヨホダ（Jahoda）によって詳しく述べられていました。しかし，ファヴァ博士が 1994 年に最初の症例を治療して研究が開始され，1998 年の論文刊行に至るまで，これらの概念を治療アプローチに取り入れようとする試みはありませんでした。

標準的な CBT には，環境制御力，自律性，自己受容などのウェルビーイングのいくつかの領域をターゲットとした技法が含まれていますが，WBT は，個人的成長，人生の目的，他者との積極的な関係などの領域に着目する，視野の広い成長志向な治療哲学に基づいた治療である点で CBT とは異なります。この人間の機能に関する包括的な視点は，ヴィクトール・フランクル（Victor Frankl）が開発した実存分析，対人関係療法などの他の重要な方法と WBT を結びつけるものです。WBT に

関するこの最初の治療マニュアルの中で，ファヴァ博士は，ポジティブな体験を特定し維持するためにウェルビーイング日記などの方略が用いられる治療の早期・中期段階について詳細に解説しています。治療段階に沿って解説されているこのマニュアルは，WBTを構成する要素がより実践的にわかりやすく理解できるよう配慮されており，入門的なマニュアルとして適しています。私は，WBTの後期の段階で心理学的ウェルビーイングの6つの領域すべてにおいて患者が潜在能力とバランスを発揮するのを支えるために必要な，細かなノウハウが探求される本が今後出ることを楽しみにしています。

　WBTのもう一つの魅力的な特徴は，他の治療法と容易に統合できることです。ファヴァ博士が本書の中で説明しているように，WBTは通常，認知再構成，行動活性化，曝露反応妨害法などの従来のCBTの技法を含む治療パッケージの一部として実行されます。薬物療法もまた，WBTを用いた全体的な治療計画の中で有用な要素の一つになり得ます。私が娘であるローラ・マクレー（Laura McCray）M.D. と一緒に書いたセルフヘルプガイド，*Breaking Free from Depression: Pathways to Wellness*（うつ病からの解放：健康への道筋）の中で，個々人がうつを克服する計画を立てるために用いる主要な方略として，WBTの方法を（標準的なCBT，薬物療法，および他のエビデンスに基づくアプローチと共に）紹介しています。

　これまでのWBTに関する研究は，うつ病，全般性不安症，気分循環性障害を中心としていました。しかし，このアプローチの中核的な特徴は，この治療法が双極性障害や統合失調症などの様々な疾患や医学的な疾患の症状を有する患者の治療に拡張されることを示唆しています。治療の実施回数や焦点は変更が必要になるかもしれません。一つ例を挙げると，双極性障害の抑うつ症状の治療では，薬物療法に加えて，気分障害の慢性的な症状に対処するために精神科医による頻回の短いWBTセッションを実施することができるでしょう。私は先ほど紹介した女性

患者に，そうした変更をした WBT を，1 カ月に 2 回か 1 回という頻度で，1 年以上行いました。

　いくつかの研究から，統合失調症の慢性期の治療において，CBT が陽性症状，陰性症状の両方に有用であることが示されています。ウェルビーイングのアプローチは，投薬が安定し，残遺症状を有する精神病患者を支援することができることができるでしょうか？　クロザピンを服用している患者のために私が設立した長期療養のクリニックでは，通常，治療セッションの一部をウェルビーイングの感覚を刺激する活動を特定することにあてます。そして，個人的な意味やポジティブな対人関係など，WBT で特定される領域について話し合いをします。このグループの患者では，再発率と再入院率が非常に低く，多くの患者に，自身の慢性的な病態を理解し対処するのに役立つ適応的な視点が育まれました。

　慢性疼痛は，医学的疾患や心身医学の領域で WBT が適用になる可能性を持つ疾患の例の 1 つです。慢性的な痛みを抱える人にとって，治療の初期段階にウェルビーイングの記録をつけることで，この病態による苦しみに打ち勝ち，軽減するような経験を認識し，味わい，持続させることができるでしょうか？　WBT の後期の段階は，この疾患に対峙したときに，自律性，自信，または目的の感覚を築く強さを引き出すことに役立つでしょうか？　もしそのような変化が起こったら，慢性疼痛の患者は，痛みの減少や幸せを経験する力だけではなく，人生を豊かにし，痛みの影響を緩和する包括的なメタ的な心理学的ウェルビーイング，すなわち高い水準の本来のウェルビーイングを持つようになるでしょうか？

　WBT の適用を広げるアイディアとして他に，技術的進歩を治療の提供に取り込むことがあります。コンピュータ支援型の CBT の開発と検証に関する研究は近年急速に広がり，多くの研究で優れた結果を示しています。コンピュータ支援型 CBT の目標には，有効な治療へのアクセスの改善，治療コストの削減，マルチメディア学習経験による治療経験

の向上，治療進行の把握と促進のためのツール提供が含まれます。うつ病や不安症，摂食障害や薬物乱用，慢性疼痛などの疾患のためのプログラムが開発されています。WBTの方法は，入念に開発された治療のコンピュータプログラムや携帯アプリによって提供することができる可能性があり，それらは人間の治療者の治療の取り組みを補強したり，限られた時間の中でより多くの患者を治療したりする助けとなることでしょう。

この治療マニュアルが出版されると，WBTの発展の新しい段階が始まります。臨床家が日々の実践においてこの集中的なアプローチを用いるためのガイドラインがここに説明されました。はるかに大きな患者集団に普及されることでしょう。より多様な臨床的な問題のためのウェルビーイングの方法を開発することは，基本的な理論と手順に関するテキストの中核的な箇所から予測しサポートすることが可能です。うつ病，不安，および様々な他の疾患における治療効果に関する研究が行われていくことが予想されます。そして，コンピュータ技術による革新的な治療提供の方法が概念化されるかもしれません。患者と治療者は，ジョバンニ・ファヴァがWBTを効果的な精神医学的治療法の傘下に導入したことに感謝をしています。

ジェシー・H・ライト
（Jesse H. Wright, M.D., Ph.D.）

序文

　この本は，心理学的ウェルビーイングを向上することに特化した心理療法であるウェルビーイング療法の全容についての解説とマニュアルをはじめて提供するものです。

　第1部では，ウェルビーイング療法がどのように開発され実施されたのかを説明します。第2部では，ウェルビーイング療法を実施する際に必要なアセスメントの概要と，各セッションの治療マニュアルを説明します。第3部では，統制研究や他の有望な応用例に基づいて，ウェルビーイング療法の現状での適応症について，臨床事例の解説を交えて扱います。

　本書の執筆にあたって重要なフィードバックと励ましをくれた，Jenny Guidi, Ph.D., Elena Tomba, Ph.D., Emanuela Offidani, Ph.D., Jesse H. Wright, M.D., Seung K. Park, M.D., Fiammetta Cosci, M.D., Ph.D., Chiara Rafanelli, M.D., Ph.D., そして妻である Nicoletta Sonino, M.D. に深く感謝いたします。

ジョバンニ・A・ファヴァ

（Giovanni A. Fava）

もくじ

日本語版の出版にあたって　iii
巻頭言　iv
序文　x

第 1 部　ウェルビーイング療法の開発経緯

第 1 章　背景　3
ロチェスターでの経験　4
うつの治療　6
回復の概念　7
心理学的ウェルビーイング　8

第 2 章　哲学科の学生とウェルビーイングを高める方法の研究　13
2 回目のセッション　16
3 回目のセッション　18
4 回目のセッション　19
5 〜 7 回目のセッション　21
8 回目のセッションと最後のセッション　22
セラピー終結後の振り返り　24

第 3 章　ウェルビーイング療法の妥当性：検証プロセス　27
大きな挑戦　30
ウェルビーイング療法の特異性の理解　32
気分循環性障害への取り組み　33
ウェルビーイング療法の役割とは何か？　34

第 2 部　ウェルビーイング療法（8 セッションプログラム）

第 4 章　初期評価（初回面接）　39

第 5 章　セッション 1　45

第 6 章　セッション 2　49

第 7 章　セッション 3　55

第 8 章　セッション 4　61
環境制御力　62
個人的成長　65

第 9 章　セッション 5　69
人生の目的　70
自律性　72

第 10 章　セッション 6　75
自己受容　76
積極的な他者関係　77

第 11 章　セッション 7　81

第 12 章　セッション 8　87

第 13 章　4 セッション版プログラム　93
セッション 1　94
セッション 2　95
セッション 3　96
セッション 4　97

第3部　適用例

第14章　抑うつ　101
急性エピソードの評価と治療　102
第二段階の治療　106
　セッション1　107／セッション2〜6　108／
　セッション7〜10　109
減薬と断薬　112
段階的治療の効能　113
抗うつ薬による長期治療中の臨床効果の減少　116
うつ病の肯定的な見方　117

第15章　気分変調　119
アセスメント　121
　最初の2セッション　121／セッション3〜6　122／
　セッション7〜10　123
臨床的意義　125

第16章　全般不安症　127
セッション1　129
セッション2　130
セッション3　131
セッション4　132
セッション5〜8　133
全般不安症に対するWBTの臨床的示唆　135

第17章　パニックと広場恐怖　137
パニック症と広場恐怖の治療　142
　セッション1　142／セッション2　143／
　セッション3〜7　147／セッション8　149／セッション9　150／
　セッション10　150／セッション11　151／セッション12　153
向精神薬の中断　154

第 18 章　心的外傷後ストレス障害　157
　　ケース 1　158
　　ケース 2　159
　　トラウマを克服する　161

第 19 章　児童・青年　163
　　初回アセスメント　164
　　セッション 1　165
　　セッション 2　165
　　セッション 3　166
　　セッション 4　166
　　セッション 5　167
　　セッション 6　167
　　セッション 7　167
　　セッション 8　168
　　教育現場　168

第 20 章　新しい方向性　171

　　実践の形式　171
　　新たな分野への適用　174
　　　医学的疾患　174／摂食障害　174／強迫症　175／
　　　精神病性障害　175／高齢者　175

第 21 章　さらなる発展に向けて　177

　　文献　179
　　訳者あとがき　193

第1部　ウェルビーイング療法の開発経緯

第 1 章

背 景

　私が医学の研究をすることを決めたときには，自分自身の選択にこれといった確信はありませんでした。最初の数年は大変でした。というのも，私はイタリアのパドヴァにある医科大学で研究していたテーマが好きではありませんでした。自分は，将来が十分に約束されていて幸運に恵まれていると考えるべきだとは感じていましたが，その一方で，あることが起こるまでは，自分の選択が正しいものであったのか，迷い続けていました。その頃（70年代初期），医学生は年に1度，胸部のX線検査を受けていました。3年生になったはじめの頃（イタリアでは医学コースは6年まで），私も検査を受けました。数日後，どこかおかしいところがあるとの通知を受けて，数日かけて精密検査を受けることになりました。はじめに私に浮かんだ考えは，「結核になった」というものでした。その通知を受け取ったときに，私はトーマス・マン（Thomas Mann）の『魔の山』を読んでいて，これは偶然の一致などではないと考えるに至りました。「最近，調子が良くなかったし，以前よりずっと疲れているな，と思っていた」。私は家族や友人，そして授業から遠く離れて療養所にいる自分を想像しました。そうして，新たな診察を受けるためにクリニックに行ったときには，私はまるで廃人のようでした。しかし，私はこう言われました。「これは誤診でしたね。あなたの胸部は健康で

すよ」。数秒のうちに私は元気になり，クリニックを出たときには空は青く，そこには私以上に幸せな医学生は他にいませんでした。私は，医学的な観点では全く病気ではなかったわけですが，健康を取り戻すことが最高の体験であることを理解しました。

　こうして，私は心身医学に関心を持ちました。心身医学は，心理・社会的な要因が疾患の発症，経過，予後において果たす役割を評価するための包括的な枠組みです[1]。パドヴァでも他のイタリアの大学でも，当時，心身医学に関心を持つ人はいませんでした。1975年の夏に，私に幸運が舞い込みました。心身医学領域で最も卓越した研究者であろうジョージ・エンゲル（George Engel）のもとで研究するために，ニューヨークのロチェスターで，その夏を過ごすことになったのです。

ロチェスターでの経験

　ジョージ・エンゲルはロチェスター大学医歯学部の精神医学と医学の教授でした。内科医として訓練を受けたエンゲルは，伝統的な疾病概念を批判しました[2]。その伝統的な疾病概念というのは，疾病は医師によって理解，認識されるものに限られるというものでした。言い換えるならば，医師が認めるものだけが疾病と認識され，医師が認めるものだけが，患者の病者役割（sick role）に値するのです。エンゲルは健康と疾病を統合する概念を築きあげました[2]。それは，健康も疾病もなく，健康と疾病の間の動的なバランスだけがあるというものでした。そのような考え方は，1960年に表明され，その後，生物心理社会モデルとして洗練されました[3]。心理社会的な要因は，多様な疾病の病因になります[4]。しかし，多様な疾患に対して心理社会的な要因が相対的にどれほど強く関与するかは，ある疾患と別な疾患の間で，あるいはある患者と他の患者の間で，あるいは1人の患者のある疾患の1つのエピソードと他のエピソードの間で異なります。「機能的」と定義される類の疾病は説明が

不十分であるのではなく，むしろ臨床で私たちがお会いする多くのケースで，私たちの評価が不十分なのです[5]。

　私は，夏をエンゲル医師の精神医学病棟で過ごしました。そのときの経験は私にとって，とめどない知識とインスピレーションの源泉になりました。ある日，内科病棟から心身医学的な診察を依頼されました。医学生のサムと一緒に，私は患者に会いに行きました。患者は50代の女性で，耐え難い腹部の痛みを訴えていました。医学的な精密検査では，特定の原因を明らかにすることができませんでした。彼女の状態は悪化しているように見え，外科手術が数日のうちに予定されました（今日的な侵襲が最小限ですむ探索的な手続きをとることは，1975年当時はできませんでした）。私たちの仕事は彼女に面接をして，いくつかの重要なヒストリーを聴取することでした。エンゲル医師は，この日は遅れてやってくる予定でした。私は，面接を開始していくつかの質問をしたのですが，彼女は強い痛みを呈していました。今は（彼女の面接をするのに）適したときではないであろうと，サムと私の意見は一致しました。私たちはエンゲル医師のところに戻りました。戻るやいなや，エンゲル医師はただちに彼女に関心を向け，支援に加わってくれました。診察をする中で，彼は患者の体にある傷に関心を向けるようになりました。すると，その女性患者は，急に，意気揚々と，彼女が過去に受けた外科手術について話しました。エンゲル医師は，彼女が他にも外科手術を受けたかどうかを尋ねました。彼女は，他の傷を見せ，それぞれの傷の手術について詳しく話してくれました。その間の彼女は，自分の痛みについて忘れているようでした。私とサムは何が起こっているのか，理解できませんでした。ほんの数時間前には痛みに満ちていた彼女が，とても元気そうにしていました。エンゲル医師は，彼女の人生の中で物事がどのように起こって，それらの物事にどのように応じたのかを尋ねました。すると彼女は，家族の多くの問題でとても大変だった時期の後に，物事が明らかにうまくいくようになったと答えました。私たちが部屋を出た

ときに，エンゲル博士は私たちに，その女性が痛みを表出するパーソナリティを持っていることと，手術依存症であることを告げました[6]。人生がそのような患者を悪化させるとき，状況がとても困難であるとき，それらの患者の身体的な健康は最良となり，患者は痛みから解放されるのです。物事が改善したら，あるいは成功が差し迫っていたら，痛みの症状が発症します[6]。サムは，そうした患者に何ができるのだろうかとエンゲル医師に尋ねましたが，彼は「残念ながら（できることは）ほとんど何もない」と答えました。私は彼女の医師と話し合い，少なくとも今は外科手術を避けることにしました。サムと私は，彼女を助けたいという若い願望を持っており，その答えには到底満足できませんでした。私は，「いつの日か誰かが解決策を発見するだろう」と考えていました。

　夏が終わり，私はパドヴァに戻りました。私はジョージ・エンゲルのように，内科と精神科の双方に精通したいと思いました。やがて，私は，どちらか一方でも手に余るほどだと気づき，精神科を選択しました。多くの心身医学研究者は，精神科領域の出身です。

うつの治療

　パドヴァでの精神科研修医の訓練プログラムが始まりましたが，訓練の仕上げとしてロチェスターに戻ることを考えていました。そのような日々のあるときに，私は気の進まない決断をしました。私は結局，ロチェスターではなくニューメキシコ州のアルバカーキで訓練を終えることになりました。ロバート・ケルナー（Robert Kellner）は，私の指導教員かつメンターで，心身医学のカンファレンスで会ったことのある人でした。彼は，プライマリーケアの内科医として数年過ごした後に精神科医になった人なので，ジョージ・エンゲルと共通する考えの持ち主でした。彼は実際に，精神医学の実践において，心身医学的なアプローチが，いかに薬物療法と精神療法のバランスをとることになるかを示して

いました。私の精神疾患に対する関心の多くは，抑うつに注がれていました。アメリカの南西で1年過ごした後に，私はニューヨーク州のバッファローに移動し，そこで抑うつ病棟の設立を願い出ました。私は，抑うつが根本的に一過性の疾患であるという確信を持っていました。要するに，抑うつに対する強力な治療法（抗うつ薬）があり，慢性化は基本的に不適切な診断と治療の結果だと考えていたのです。今になって考えると，そのときの私の考えは，驚くほど未熟で，臨床的な現実をしっかりと捉えられていませんでした。今日では，抑うつが基本的に，その経過中に複数の急性エピソードを伴う慢性的な疾患であることがわかっています[7]。しかし，そのときの私の考えは，精神科領域のたいていの熟練者の間で共有されたものでした。

アメリカで働いていたとき，私は基本的に疾患について横断的な見方をしていました（病院でのみ患者の診察と治療をして，フォローアップはほとんどしていませんでした）。イタリアに戻り，ボローニャ大学にフォローアップの機会を設ける外来クリニックを設立しようと決めたときに，抗うつ薬で治療した私の受け持ち患者や，私が完全に寛解したと判断した患者のうち，その後抑うつを再発した患者を評価し始めました。私は何を見落としていたのでしょうか？

回復の概念

私は，抗うつ薬の長期的な有効性にどんどん疑問を持つようになっていました。そして，1994年には，抗うつ薬が慢性化の原因になる可能性があるという仮説を自身の論文で公表しました[8]。私は「抗生物質のパラドクス」に着想を得ました。細菌感染の治療のための最良の薬剤は，耐性菌を選択・培養するためにも最良な薬剤です。耐性菌は薬物投与が停止された場合でさえも，その環境で維持されるのです[9]。私は，いくつかのデータに基づいて，抗うつ薬を長期にわたって使用すること

が，疾患の長期的な予後や症状の現出を悪化させ，その後薬物治療に反応する見込みと症状が現出しない期間が持続する時間，そのいずれもが減少する可能性があるという仮説を提唱しました[8]。20年後，この仮説が支持されたことはとても感慨深いものでした[10]。しかし，その当時は，製薬業界のプロパガンダに抗うことは簡単なことではありませんでした。アルバカーキで，ロバート・ケルナーからすすめられて，認知行動療法（Cognitive Behavior Therapy：CBT）の実践を学びました。私が受け持ったうつ病の患者に，CBTを薬物療法と併用したり，あるいは併用はせずに単独で実施しました。しかし，論文でも報告されているのと同様に，CBTはうつ病患者の長期的な結果に影響を与えていないようでした[7]。これは，ポジティブで持続的な効果が観察されていた不安症に対するCBTの実践とは際立って対照的なことでした。

　その間，うつの薬物療法ではすべての問題の解決はされず，大きく改善したにもかかわらず重大な残遺症状を呈するという事実を指摘する研究が蓄積されていました[11]。このような症状には，不安やイライラが典型的に含まれます。そして，それらの症状は機能上の支障と関連していました。残遺症状の多くは，疾患の前駆的な段階で生じており，再発の前駆症状になることを促進するかもしれません[11]。そのため，回復の概念はある種の症状の減少だけに限定することはできませんでした[12]。エンゲルが指摘したように[2,3]，健康は単に病気がないことだけではなく，良い状態があることも必要なのです。私たちは人々をネガティブな機能の外側に引き出す方法はわかっていましたが，心理学的なウェルビーイングを回復することは全く異なることであり，それを達成するための方法の手がかりを持っていませんでした。

心理学的ウェルビーイング

　90年代中頃に，コペンハーゲンで開催された精神医学の国際会議に

参加しました。この会議は，友人であり，なおかつ気分障害の心理学的アセスメントに関して最も重要な初期の研究者の1人であるペルベック（Per Bech）が組織したものでした[13]。彼に会ったとき，彼は私に生活の質（Quality of Life：QOL）のセッションへの参加をすすめました。彼は，発表者の1人がアメリカの発達心理学者で面白いアイディアを持っていると言いました。私はそのセッションに参加し，別の機会でもそうであるように，彼は正しいと思いました。その発表者の名前はキャロル・リフ（Carol Ryff）で，自身の心理学的ウェルビーイングのモデルを説明をしていました。そのモデルはいろいろな文献をもとに統合されたモデルでした[14]。彼女は，ウェルビーイングは幸福感（happiness）や人生の満足感（life satisfaction）と等価なものではないことを主張しました。彼女は心理学的ウェルビーイングの多様な側面を測定するための質問紙，心理学的ウェルビーイング尺度（Psychological Well-Being Scale：PWBS）を開発していました。彼女はその尺度を用いて，非臨床集団の縦断研究を行っていました[14]。彼女は心理学的ウェルビーイングの6つの側面の概要を簡単に説明しました。

　私は臨床研究だけではなく，個々の患者の評価と治療をもする絶滅危惧種の「臨床家兼研究者」でした。私が研究の概念について検討するときはいつも，それらの概念が，私が診ている患者にとって意味があるかどうかが出発点になります。そして，それらの意味は明確にされました。自律性（自己決定の感覚），環境制御力（自分の人生をうまくマネージメントする能力），ポジティブな対人関係，個人的成長（持続的に成長し，発展している感覚），人生の目的（人生が目的と意味に満ちているという考え），そして自己受容（自己に対するポジティブな態度）です。私は，彼女の発表を聞いた後，私が出会った多くの患者のことを考え始めました。それらの患者は，これらの心理学的ウェルビーイングの側面が不足，あるいは誇大し，結果として日常生活が破綻しているように思えました。私は発達心理学者がこのような深い臨床的なフォーミュレーションを表

明できたことに驚きました。

　何年も後に，私はそれらのウェルビーイングの側面には実際に，臨床的なルーツがあることを発見しました。ニューヨーク大学の社会心理学の教授であるマリー・ヨホダ（Marie Jahoda）によって1958年に出版されたポジティブな精神的健康に関する素晴らしい本の中で，それらが開発されていたのです[15]。この本はアメリカの図書館で私を待っていました。そして，その本はさらなる熟考と着想を私に与えてくれました。ヨホダはポジティブな精神的健康のための6つの基準を概説しました。それらの基準のうちの5つは，後にキャロル・リフによって概説されたものと比べると，わずかにしか違いませんでした。それは，自律性（自身の行動を自身で調整する），環境制御力，他者や環境との満足のいく関わり，個人のスタイルと成長の度合い，発達と自己実現（これはリフによって個人的成長と人生の目的の側面に分割された），自分自身に向けられる自身の態度（自己知覚／自己受容）でした。しかしながら，6番目の重要な側面があり，それは，私にとってその後とりわけ重要になりました。それは，人生の見通しとストレスへの耐性の双方をもたらす個人の心的な力のバランスと統合です。

　心理学的ウェルビーイングを改善することを目的とした心理学的なワークをどのように実施するかはとても難しく思えました。そして私はそれがどのように達成できるかわかりませんでした。

　1954年にパルロフ・ケルマン（Parloff Kelmann）とフランク（Frank）[16]は心理療法の目的が必ずしも症状の減少である必要はなく，個人の安楽や効力を増すことにあると述べていました。しかしながら，このような必要性はその後ほとんど注目されませんでした。特筆すべき例外は，エリス（Ellis）とベッカー（Becker）の「個人的な幸福への指針（A Guide to Personal Happiness）」[17]とフォーダイス（Fordyce）の幸福増進プログラム[18]，パデスキー（Padesky）のスキーマ変容プロセス[19]，フェリス（Frisch）の生活の質療法（Quality of Life therapy）[20]，ホロ

ウィッツ（Horowitz）とカルトレイデル（Kaltreider）の心のポジティブ状態のワーク[21]でした。「個人的な幸福への指針」は，論理情動療法（rationale-emotive therapy）の改訂版で，個人の幸福の主要な妨げ（恥，無能感，罪悪感など）を取り除くためのものでした。残念ながら，これらのアプローチは十分な臨床試験による検証がなされておらず，心理学的ウェルビーイングに関して私が頭に思い浮かべていたことをターゲットにしているようには思えませんでした。

第 2 章

哲学科の学生と
ウェルビーイングを高める方法の探究

　私は，心理学的ウェルビーイングに基づいた心理療法の開発について考えを巡らせていました。しかし，その考えは実現しそうに思えませんでした。ある日私は，23歳の哲学科の学生だったトムを診察しました。彼は重度の強迫症に罹患していました。強迫症は主に，ガールフレンドのローラに関連する強迫観念が特徴で，1年前に発症していました。それから，トムは，勉強することが難しくなり，あらゆる試験も受けられず，学校にも行かなくなりました。また，社会的な生活も影響を受けていました。彼はローラの過去についてうるさく聞きだそうとしてばかりで，ローラ以外の友人と会うこともやめていました。トムは精神科医を受診し，選択的再取り込み阻害薬（selective serotonin reuptake inhibitor：SSRI）であるフルボキサミン（fluvoxamine）を処方されました。しかしトムが，フルボキサミンの服用によって回復することはありませんでした。そのため，精神科医は，三環系抗うつ薬（tricyclic antidepressant drug：TCA）のクロミプラミン（clomipramine）に処方を切り替えました。それでもやはり，彼は薬物療法に反応を示しませんでした。それらの薬剤の処方は，当時入手可能であった文献に基づいて適切で妥当なものでした。彼は，それから，認知行動療法（Cognitive Behavior Therapy：CBT）を受けましたが，6セッションを受けた後に，

悪化していると感じたために，ドロップアウトしました。この後者の出来事は，私の関心を引きました。

　一般的に，臨床的な文献上では，反応がないことと悪化は，同じこととみなされていますが，それらは全く異なるものです。90年代には，ラルフ・ホロウィッツ（Ralph Holowitz）を筆頭とするイエール大学の調査グループが，心筋梗塞の後におけるβブロッカーの使用に関する大規模な無作為化統制試験のデータを再解析しました[1]。無作為化統制試験は個々の患者の治療に関する疑問に答えることを目的とするものではなく，群の一方に無作為に割り付けられた平均的な患者に対する治療の効果を比較することを目的とするものです。ホロウィッツら[1]は，特定の臨床経過によって特徴づけられる下位集団ごとに，臨床試験を異なるやり方で分析しました。彼は，急性心筋梗塞から生存した平均的な患者にはβブロッカーが有効である一方で，特定の併存治療歴のある下位集団ではβブロッカーが害になることを発見しました。平均的に有効である治療が，一部の患者には有効ではなく，また他の患者には害をもたらすことさえあるということです。

　もし，そういった可能性を考慮するならば，あるセラピーが，ある臨床的な特徴をもった特定の集団には，価値がないものかもしれないことがわかるでしょう[1]。大手製薬メーカーとバイオテクノロジーの企業は，実質的に医学論文の出版や情報をコントロールしており，悪化する下位集団についての情報は聞かれません。なぜなら，おそらくは，その情報が，消費者となる可能性のある人を怖がらせてしまうからでしょう。そのような事象は，どのような薬剤でも起こります。私はこの一見矛盾した反応が抗うつ薬で起こるか（薬物療法が抑うつ気分を悪化させる場合があるか）を研究しました[3]。臨床的な悪化は，心理療法でも起こる可能性があります。多様な心理療法の学派もまた，ネガティブな効果を耳にするのを好みません[4]。

　臨床薬理学において，有害事象は，医師が薬剤を適切に処方しなかっ

図 1：認知療法の基本的なメカニズム

図 2：ウェルビーイング療法の基本的なメカニズム

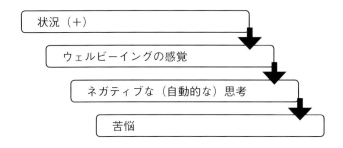

たという事実が一因になりえます（例えば，処方量の過不足）が，トムの例の場合では，治療法自体は正しいのです。心理療法では，心理療法が適切に実施されていないことが原因でネガティブな効果が高まるかもしれません[4]。しかし，トムの場合，認知行動療法を実施した心理士は，強迫症に特化した能力と技術を十分に適切に備えていたことがわかっていました。そうして私は，すべての妥当なアプローチを実施してきたと，感じました。変化を起こすために何ができたでしょうか？　私はトムによってもたらされた重大な特徴について考えました。薬剤は彼の助けにならず，精神療法もまた彼を悪化させました。

　私は，仮説を立てました。認知療法の基本的なメカニズムは，苦悩のモニタリングに根ざしています。つまり，苦悩が生じる状況を特定することで，ネガティブな感情と関連してネガティブな感情を増大させるネ

ガティブな思考（自動思考）が特定されやすくなります（図1）。しかし，トムの場合では，このメカニズムはおそらく，苦痛をより深刻なものにするでしょう。反対のことをしてはどうだろうか？　ウェルビーイングをモニタリングし，ウェルビーイングの妨げになるものを見つける（図2）のはどうだろうか？　そこで，私はトムに，日記をつけて，ウェルビーイングを経験した例を報告するよう伝えました。私はウェルビーイングの定義については何も伝えませんでしたが，彼には，良い気分を感じたときの状況，経験したこととその強度を書きとめるようにお願いしました。彼は，「多分，白紙の日記になるだろうね」と，気が乗らない様子で返事をしました。

2回目のセッション

　彼は面接に再来すると，日記を持ってきていて，いくつかのウェルビーイングの体験を書いてきました。彼はそれら（ウェルビーイング体験）があったことをしぶしぶ認めましたが，「それらは束の間のきわめて短い体験だった」と付け加えました。表1には，それらの例の1つを示しています。私は，中程度の苦悩や苦痛を経験していたとしても，気分の良いときも持続時間は短いものの，存在することを見て驚きました。トムはそれから，それらのウェルビーイングの体験を即座に中断させる考えについても報告するよう促されました。私は今回も，私たちが期待するような種類の思考（自動思考）についての情報やなされるべき説明を彼に共有しませんでした。私は，彼に，彼自身の対処法を築いてほしかったのです。

　しかし，私は彼の日記に少し書き足しました（薬剤の摂取に関する説明，行動的なホームワーク，セッションの中で話し合ったことで私が重要だと感じたことなど，私はいつも自分の患者の日記に書いています）。私は，1日おきに大学に行くようにすることと，試験の中から1つ，受

表1：2回目のセッション

状況	ウェルビーイングの感覚	強度（0-100）
午後遅く 家で勉強中 ローラがもうすぐ来る。	彼女に会えて嬉しい。	40

けるものを選ぶようお願いしました。彼は，「それは無駄なことです。私はもう勉強はできません」と抵抗しました。しかし，私は，徐々にまたできるようになってくると答えました。私は彼に，私が11歳の頃，スキー中に足を骨折したときのことを話しました。ひどい骨折で，整形外科手術がなされ，ギプスをしました。私は3カ月半ギプスをしつづけ，その間立つことさえできませんでした。とうとうギプスをはずす日がやってきたとき，私は苦痛からようやく解放されるのだと思いました。私の両親は，私にすべてを伝えていませんでした。私は，骨はもう治っていて，起きたり，走ったりできるのだと思っていました。外科医がギプスを取り除いたとき，私はそれが実際とは全くことなることに気づきました。私の足は筋力がなく，膝を折り曲げることができず，起き上がろうとしてもできませんでした。私は，自分の人生はめちゃくちゃになった，もう歩くこともできないと泣きながら言いました。手術を受けるという臨床的な選択がその時の最良のものであったかどうかも私にはわかりませんでしたが，外科医は私にこう言いました。「泣くんじゃない，ジョバンニ。しょうがないさ。さあ，これから君はエクササイズを始めなきゃいけないよ」（彼は私にいくつかのヒントをくれただけでした。というのも，私が生活をしていたところでは，理学療法を実施できるところがなかったのです）。「でも，覚えておいてほしい。これから，前の日より少しでも多く膝を曲げられて前進したと感じる日もあるだろう。これから，膝が以前より曲げられず，悪化したと感じる日もあるだろう。でも

気にするんじゃない。私が言ったことをやり続けるんだ。そうすれば君はまた走れるよ」。これは実際に起こった出来事であって，患者とよく共有する話です。セラピストの自己開示は患者の苦悩を低下させることが心理療法の研究で明らかにされています[5]。そして，私はいつも，技術的な知識だけでなく感情的な知識も併せて伝えることが医師にとって大切なことだと考えていました。

3回目のセッション

　トムは2週間後に日記を持ってやってきました。表2には，彼が書いた状況の一例を示しています。

　私は，何が起こるかをわかっていなかったことを打ち明けなくてはなりません。トムは聡明で，十分な教育を受け，感受性の高い若い男性でした。私は，（自分の骨折のときのように）ある種の簡単な指示で，彼が自分なりの回復の仕方を築き上げるかどうかを見たかったのです。確かに，彼は，ウェルビーイングの感覚だけでなく，それらの感覚が何によって妨げられたかをも特定していました。私は，論理情動療法，そして認知療法の枠組みを用いていましたが，認知的スキーマを選択することに決めました。こうして私は彼に自動思考のことを説明しました[6]。その際，アーロン・ベック（Aaron Beck）の説明を用いました[6]。自動思考は特定の状況でよく生じ，意味付けや内省の結果として生じるものではなく，反射的なものです。自動思考はどちらかというと自然に生じるもので，患者が労力を割かずとも自動思考は始動し，しばしば止めることは難しいものです[6]。私は，トムに，彼が報告したいくつかの思考がベックの自動思考のモデルにフィットすることを説明しました。私は，それから彼に，（状況，ウェルビーイングの感覚，妨げになる思考／行動に加えて）もう1つ列を追加し，その列に，観察者の解釈を記述するようにお願いしました。観察者の解釈とは，実際にはその状況から

表2：3回目のセッション

状況	ウェルビーイングの感覚	妨げになる思考／行動
朝 家で勉強	1時間しっかりと勉強できた。	この朝を台無しにする何かが起こるかもしれない。→強迫観念

距離をおいた人である観察者が、それらの状況について考えるであろうことです。また、私は日記に行動的な指示を書き続けました。大学に出席することに加えて、彼は試験のために、すでに出席していた授業のトピックを選択してきました。私は彼に、勉強を試み、時間を増やしていくことを再びお願いしました（最初は15分、次は30分、次は1時間というように）。彼は2週間後にまた来るように言われました。

4回目のセッション

トムは私に日記を見せました。彼は、ウェルビーイングの自己観察の訓練や、ウェルビーイングの妨害と思考との関係を確かめること、そして彼の（後で正しくなかったことが示される）仮説に挑戦することができたときの例をいくつか報告しました。二つの例が表3に報告されています。

彼が書いた二つ目の状況に対する「あなたは苦痛を探している」という観察者の解釈が私にとって特に印象的でした。私は、彼のような人はウェルビーイングに対する耐性が低く、即座に自身を苦悩に引き戻す思考を発展させるのだと理解しました。その苦痛の状態は、極論を言うと、彼ら自身に値すると考えているのです。私は、ジョージ・エンゲル（George Engel）と一緒に診た患者と、彼が述べた「痛み表出パーソナリティ」に想いを馳せました[7]。

表3：4回目のセッション

状況	ウェルビーイングの感覚	妨げになる思考／行動	観察者の解釈
午後，スーパーマーケットに行くつもり。	落ち着きとリラックスを感じた。素晴らしい日だ。	私は，そのような感覚を得るに値しない。私は良い気分を感じられない。私の人生は取るに足らないものだ。→強迫	あなたが良い気分なのは当然のことだ。あなたがしていることは何も特別なことではない。
午前，家で勉強している。	今朝はよく勉強している。	内面の動揺を忘れたからこれをできただけだ。	内面の動揺はなく，思考があるだけだ。あなたは動揺について心配しているのではなく，苦痛を探しているのだ。

　私はイタリアでの高校時代の勉強を思い出しました。私もトムと同じ，ラテン，古代ギリシャ，そして哲学を中心に学ぶ昔ながらの学校に通っていました。私はラテン語とギリシャ語がとくに好きというわけではありませんでしたが（英語の勉強をすればいいのに，と思います），彼らがユニークな土台を築いたことは理解しなければいけないでしょう。ギリシャ人の考えに，物事がうまくいくなら，神は妬みあなたを叩くだろう，というものがあります。多くの文学作品に見られるように，成功はあなたにその状況を軽視させ，向かうところ敵なしだと感じさせ，重大な過ちをおかすことになるからです。言い換えるならば，成功の頂点で大きな過ちをおかす，過ちは，はしごに登る前に犯すことはできないのです（この現象は，政治家や俳優などいたるところに，例を見つけることができます）。他の人は，しかしながら，それらのウェルビーイングの感覚を追求せず，確かに自身の成功が続かないことに確信を持っています。私はまた，ラテンの哲学者セネカ（Seneca）と彼のウェルビー

イングは学習する過程であり，筆記することが手助けになるという考えについて考えていました。

　この時点で，私はトムが次に会うときに何を発展させたかを見ることに好奇心を抱いていました。私は彼の取り組みを賞賛し，より多くのマテリアルを持ってまた来るよう励ましました。また，勉強や社会活動により多くの時間をかけるよう励ましました。強迫観念は明らかに減少していました。つまり，強迫観念は頻度が少なく，強度が弱くなっていたのです。

5～7回目のセッション

　5回目のセッションは，彼が持ってきたマテリアルの話し合いが中心になりました。場合によっては，妥当な観察者の解釈を出すことができず，私が追加することもありましたが，それ以外の場合で彼が書いたものは，とても素晴らしいものでした。彼が集中できる時間はますます増加していて，彼は試験のための暫定的な計画を作成していました。彼のマテリアルを見て私は驚きました。そして私は，マリー・ヨホダ（Marie Jahoda）[8]やキャロル・リフ（Carol Ryff）[9]が体系化した心理学的ウェルビーイングの側面における支障がいくつかあることに気づきました。彼自身で進歩していく時間を多くとるため，次回は1カ月後にすることに決めました。6回目のセッションはマテリアルがとても豊富でした（その一例が表4に含まれています）。

　彼の観察者の解釈は，哲学書の引用を伴って，量質ともに豊かになっていきました。しかし，私は彼に，日記は何かイベントがあった後にやる知的なエクササイズではないことを説明しました。ウェルビーイングが妨害される現実場面（in vivo）で，強迫観念を防止するための方法として用いることができるものなのです。強迫観念の頻度，強度は減少し続け，強迫観念によって生じる不当な影響が減少し続けました。私は，

表4：6回目のセッション

状況	ウェルビーイングの感覚	妨げになる思考／行動	観察者の解釈
朝 家で勉強	試験のとても難しい箇所が理解できた。調子良いぞ。	他のものに気合を入れると，強迫観念が出てくるぞ。	あなたは，これをコントロールできる。問題は強迫観念に慣れてしまったこと，不安でいることであって，それらを持たないことが不安を生み出している。だからあなたは不安を探している。今日は対照的に困難であっても，楽になるよ。
夜 家のベルが鳴り，ローラだった。	やっときた！彼女と会うのを待ち望んでいた。	強迫観念が始まる，夜が台無しだ。	あなたは，ウェルビーイングを台無しにする何かを確かに恐れていて，あなたはそれを呼び込んでいる。良い感じに慣れるんだ！

強迫思考には認知再構成を直接的に行わず，ウェルビーイングを妨害する思考に行ったのです。私はトムに，翌月の診察を予約しました。その間，彼はとても良い成績で試験に合格し，すぐに次の試験の計画を立てました。7回目のセッションの後，結果の安定性に対する少しの疑念やセラピーの成功として何が生じたのかを理解することへのためらいもありましたが，私はセラピーをそろそろ終結することを決めました。この私のためらいは，私が学んだギリシャ人の考えに由来するかもしれません。

8回目のセッションと最後のセッション

1カ月後，トムは再来しました。最初に会ったときの彼とは，見違えるようでした。彼は日記を持ってきました（そのいくつかの例が表5に書かれています）。私たちは，彼がいかに強迫観念のほとんどを追い払い，

表5：最後のセッション

状況	ウェルビーイングの感覚	妨げになる思考／行動	観察者の解釈
朝，大学で	自分の将来とローラとの関係性について，とても楽観的（前向き）になった。	すべてのことが急激に良くなっている。何か罠があるにちがいない。	幸せは，害じゃない。それを心配することは愚かなことだ。もし懸命な態度を持っているなら，あなたはそれを鍛え上げればいい。あなたは良い態度になっている。
午後，大学でとても良い成績をとった。	物事が本当に上向きになってきた。	強迫観念がまた戻ってきて，振り出しに戻る。	不安は，物事が存在しないかのように思わせる。あなたは不安を恐れているから，不安を見る。不安やその表出を恐れれば恐れるほど，不安は大きくなる。でもあなたは，それにどう打ち勝つか，すでに学んでいる。

彼の人生が変わったか，彼が大学の学位取得に向けて大きく前進したこと，哲学領域以外の勉強をする計画を立てたことについて話し合いました。7回目のセッションでは，セラピーを終結する考えを紹介しました（私たちが会ったはじめには，このアプローチが新しいものであるため，特定のセッション数に関する合意を持っていなかったことを断っておきます）。私は彼に，彼自身でやっていけそうか尋ねました。彼は強い決意を持って「はい（yes）」と答えました。私は彼にこう言いました。「私はいつも自分の患者とともにあります。それがどんな人でも，どんな理由でも，私はそこにいます」彼は私に電話をかけたり，会いに来てくれたりするでしょう。1年の間，彼に会い，彼の進捗を確認したいという気持ちにかられました。私は，私たちの出会いを通じて学んだことについて，心からの感謝を彼に表明しました。1年後，彼は元気で，マーケ

ティングの修士課程に進学しました。トムは「哲学漬けは自分向きじゃない」と打ち明けました。私は彼と彼の人生における継続的な達成をとても誇りに思いました。

セラピー終結後の振り返り

　セラピーが終わるや否や，私は，実際には何が起こったのかを思案し始めました。私は，アルバカーキでのある日のことを思い出しました。それは，精神科病棟の週1回のミーティング中に，精神科のレジデントであり私のメンターであったロバート・ケルナー（Robert Kellner）とあるケースについて話し合ったときのことでした。患者が治療に反応せず，私はある薬から別の薬に切り替えることを決めました。患者は大きく急速に改善し，私はその改善にありうる神経伝達系のメカニズムを述べました。レジデントは神経伝達物質の受容体の調整について別の意見でした。私たちは活発な議論を始めました。

　私たちはナースが何か言おうとして，言えずにいたのに気づきませんでした。しかし，私たちが話し合いを中断したときに，彼女は，「私は，これをあなた方にどう伝えたらよいかわからなかったの。でも，実は，私たち，薬を変更するのを忘れていて，その患者さんはまだ古い薬を飲んでいるの」。私は，魔法のようにその場から消えることができたらと思いました。私は，自分と自分の愚かな議論をとても恥ずかしく思いました。しかし，ロバート・ケルナーはいつものように，とても親切に支持的に，「今回のケースはとても良い教訓になりましたね。患者が良くなったとき，最もありえそうな説明の1つは，あなたがしたり，処方したり，言ったりしたこととは何の関係もなかった，ということで，これは頭にとどめておくべきことです」。私の最初の反応はこうでした。トムを良くしたものが何かを誰がわかるだろうか？　もしかしたら，私たちの関係性かもしれないし，私の昔話かもしれないし，セラピー中に彼

に起こった何かもしれません。私は，普通ではない回復の道筋を見つけていましたが，それを科学的な方法で検証する必要がありました。

第3章

ウェルビーイング療法の妥当性：検証プロセス

　ウェルビーイングを向上する方法を発見した後で，一歩先に進めるためには，いくつかのステップが必要であると感じました。最初のケースは患者の生活を妨げる急性の強迫性障害のケースでした。しかし，私はこれらの方法を，気分障害と不安症の残遺症状がある段階において，特に再発予防に適用したかったのです。私は，ロバート・ケルナー（Robert Kellner）が教えてくれたように，統制された調査を行う必要がありました。研究グループをまきこんで行わなくてはなりませんでした。研究グループの人たちは，私と私の風変わりな考えを信頼してくれていました。

　私が後述する研究の特徴は，大きな母集団を含むものではありませんが（イタリアでは，研究助成はごくわずかです），アセスメントと方法論においてとても注意深く実施されたものでした。私自身が研究に参加したそれぞれの患者のことを知っていました。データは数値によって表現されましたが，私は頭の中で実際の患者を，彼らの顔を，私たちの出会いを思い浮かべることができました。最初の疑問は，薬物療法または心理療法によって気分障害や不安症が寛解したと評価された患者が，疾患に罹ったことのない健常統制群と比べて低いウェルビーイングを呈するか，ということでした。キャロル・リフ（Carol Ryff）は心理学

的ウェルビーイングを測定するための心理学的ウェルビーイング尺度（Psychological Well-Being scales：PWB）を開発していました[1]。しかしながら，当時はまだ，PWB 尺度を臨床群に適用するための情報がありませんでした。そうして私は，私が定義した回復群と統制群の小さな患者集団の間で，統制された比較を行うことを決めました。自己評価式の PWB 尺度に加えて，半構造化研究面接を含む尺度である，抑うつの評価のための臨床インタビュー（Clinical Interview for Depression：CID）[2] を用いました。CID は抑うつと不安症状を詳しく評価することが可能で，おそらく入手可能な指標の中では，最良のものです。私たちが採用した3つ目の指標は，ロバート・ケルナーが開発したとても簡便な質問紙である，症状質問紙（Symptom Questionnaire：SQ）でした[3]。SQ は苦悩（distress）とウェルビーイングの双方を含んでいます。SQ のウェルビーイング尺度は心理的な状態（リラクセーション，満足感，身体的ウェルビーイング，友情）を反映しており，これらは PWB の側面と明らかに異なります。ちなみに，これらのアセスメント手法は，私たちが実施した（後で記載がある）他の研究でも活用しました。予測通り，寛解患者は，健常統制群よりも症状を呈していました。また，寛解患者は，PWB が包含する心理学的ウェルビーイングのすべての側面においても支障を示していました[4]。私は，寛解患者は改善したものの，それが十分ではないことを理解しました。

　私は寛解患者において観察された程度の回復で満足してしまっており，まだ問題が存在することを忘れてしまっていました。この状況は，私の心理療法の方法を検証するためには申し分のないものでした。私はトムとの体験に部分的に基づいた治療プロトコルを整備し，各セッション内容を明確にし，それをウェルビーイング療法（well-being therapy：WBT）と名付けました[5]。私には，抑うつの残遺症状に対する認知・行動的治療の開発経験がありました。その治療法は，統制条件よりも有効であることが明らかにされたものです[6]。そして私は，二つ

の手法（CBTとWBT）を比較することが最初のステップになるだろうと考えました。

感情障害（大うつ病症，広場恐怖を伴うパニック症，社交恐怖，全般性不安症，強迫症）に罹患し，（不安症に対しては）行動論的手法，あるいは（気分障害に対しては）薬物療法による治療が成功していた20名の患者が，WBTを実施する群と残遺症状に対するCBTを実施する群に無作為に割り付けられました[7]。ウェルビーイング療法とCBTのどちらも，抑うつの評価のための臨床インタビュー（Clinical Interview for Depression：CID）[2]とPWB尺度[1]で測定される残遺症状の有意な減少と関連していました。しかしながら，治療後の両群の残遺症状を比較してみると，WBT群によるCIDの減少がCBT群よりも有意に優れることが観察されました。ウェルビーイング療法は，PWB尺度の改善，特に個人的成長（personal growth）尺度の改善と有意に関連していました。少ない患者数の研究であることは，この差を慎重に解釈する必要があること，そして，特定の気分障害や不安症のより大きな標本を対象にさらなる研究が必要であることを示唆していました。

これらの予備的な結果は，これらの（気分障害や不安症といった）障害の症状が残存する段階でウェルビーイング療法が実施可能であることを示していました。残遺症状の改善はポジティブ感情とネガティブ感情の間のバランスに基づいて説明されるかもしれません[7]。精神科症状の治療がウェルビーイングの改善を増進し，そして確かに，ウェルビーイングを反映する下位尺度が症状を反映する下位尺度よりも薬物療法の効果に敏感であるなら[3]，ウェルビーイングの変化が，ポジティブ情動とネガティブ情動のバランスに影響を与えることが想定可能でしょう。この意味において，本研究でウェルビーイング療法において観察された，症状の改善の度合いの高さは，特段驚くべきことではありません。つまり，感情障害の急性段階では，症状の除去が最も重要な変化となり，残遺段階ではその逆が真となるのかもしれません。

大きな挑戦

　抑うつ領域の研究者ならみな同じですが，私は再発のリスクの高さに強い関心を持っていました[8]。患者を改善させることは簡単なことではありませんし，改善を維持することはなおさら難しいことです。私たちは，顕在する残遺症状に認知・行動的手法を実施した際の再発率に及ぼす影響を検討するために，小さな統制研究を行いました。統制条件と比較して，4年後の再発率に有意な差がありましたが[9]，6年後にはありませんでした[10]。私が導入した方法（逐次的方法：最初に抗うつ薬による治療をし，その後残遺症状に対してCBTを実施する）は良いものではあるが，十分ではないと感じました。私は，重篤な再発するタイプの抑うつ患者について研究を継続したいと思いました。重篤な再発するタイプの抑うつ患者は，単極性の抑うつエピソードが3回以上あり，1つ前のエピソードが現在のエピソードの発症の前2年半以内であった患者と定義しました[11]。しかし，今回は，私は，治療パッケージに残遺症状に対するCBTと生活習慣の変容に加えて，ウェルビーイング療法を取り入れたいと思いました。抗うつ薬治療によってうつ症状が改善した後，再発をした大うつ病の患者が，WBTを取り入れたこのパッケージと臨床的マネジメントのどちらかに無作為に割り付けられました。臨床的マネジメントでは，実験条件（WBTを含むパッケージを実施する群）で行われたのと同じセッション数が提供されました。臨床的マネジメントは患者の臨床的状態の概観と，必要に応じてサポートとアドバイスを患者に提供するものです。そのマネジメントの中では，曝露法，日誌法，認知再構成法といった特定の介入は禁止されました。多くの心理療法で共有される非特異的な治療的構成要素（表1）[12,13]を受ける群と実験条件との比較が，本研究の焦点でした。

　どちらの群も，抗うつ薬治療が漸減または中断されました。CBTとWBTを受けた群は臨床マネジメント群と比較して，薬物療法中断後に，

表1：多くの心理療法に共通する非特異的な治療的構成要素

構成要素	特徴
1. 注意（Attention）	一定の時間に十分にセラピストと接する機会があること
2. 開示（Disclosure）	患者の思考や感情を共有する機会
3. 高覚醒（High arousal）	支援する人との感情のこもった信頼関係
4. 解釈（Interpretation）	患者の問題や困難に対するもっともらしい説明
5. 儀式（Rituals）	患者とセラピストの積極的な参加を求める手続き

残遺症状が有意に低いことが示されました。また，2年後のフォローアップで，CBT（25％）は臨床マネジメント（80％）よりも再発率が低い結果となりました。6年後のフォローアップ[14]では，再発率はCBT群では40％，臨床マネジメント群では90％でした。さらに，CBTとWBTによる治療を受けた群は，多様な再発を考慮に入れた場合に，有意に再発の回数が低いことが示されました。小さく予備的な研究ではありますが，結果はとても印象的なものでした。CBTとWBTによる治療を受けた患者の半数以上が，6年後のフォローアップで健康で服薬がない状態になっていました[14]。

これらの発見は，3つの独立した研究によって再現されました。ドイツで実施された多施設の試験では，180名の大うつ病エピソードを3回以上経験している180名の患者が，認知行動療法，ウェルビーイング療法，マインドフルネス認知療法のいずれかを受ける介入群と，マニュアル化された心理教育を受ける統制群に無作為に割り付けられました。フォローアップ期間は1年だけ（後述する私たちの研究との最も重要な違いです）でした。薬物療法が継続されていたのですが，再発のリスクが高い患者の再発率に，実験条件は有意な効果を示しました。

アメリカでは，ケンナード（Kennard）ら[16]が，私たちが成人に対して導入した逐次的な治療を，大うつ病に罹患する144名の児童・青年

に適用しました。彼らは，6週間フルオキセチン（fluoxetine）による治療を受け，そのうち適切な反応を示した人が，薬物療法のマネジメントを継続する群と，フルオキセチンによる薬物療法の継続に加えて，残遺症状に対するCBTとWBTを組み合わせた治療を実施する群に無作為に割り付けられました。CBTとWBTを組み合わせた治療は，再発のリスクの減少に有効でした。この知見は，大うつ病に罹患する児童青年を対象とした文献の中では，異例の知見でした。不運にも，私たちの当初の研究とは違って[11]，当該患者集団における抗うつ薬による長期治療が関連する問題があるにもかかわらず，CBTとWBTを組み合わせた群でも薬物療法が継続されていました[17]。

イランのモイニザードゥ（Moeenizadeh）とサラゲーム（Salagame）の研究[8]によって3度目の確証を得ました。抑うつに罹患している高校生や大学生がWBTとCBTにランダムに割り付けられました。結果は，明らかにWBTは抑うつ症状の改善においてCBTよりも有効であることを示していました[18]。抑うつによる支障の重症度は特に評価されず，また症状はおそらく中程度でした。それでもなお，この結果はとても印象的なものでした。

ウェルビーイング療法の特異性の理解

私たちの研究グループは，抑うつの再発に対する私たちのアプローチにより得られたこの結果に，とても喜びました[11, 14]。治療の割り付けを盲検化したすべての心理指標の評価者であったシアラ・ラファニール（Chiara Rafanelli）と，このデータについて話し合う中で，重要な問題が浮かび上がりました。ウェルビーイング療法独自の役割はなんだろうか？ ウェルビーイング療法と関連しない私たちのこれまでの研究[6, 9, 10]は，今回の結果よりも効果が低かったが，これはウェルビーイング療法がそれらの人に対して有効であることを意味するには不十分です。

シアラ・ラファニールと私はこうして，別の統制試験を行うことを決断しました．私たちの今回の研究の対象は，不安の範囲がとても広いタイプの全般性不安症（generalized anxiety disorder：GAD）でした．私たちは以下の疑問に対する結論を得ることになりました．その疑問はこうです．おそらく急性の疾患には，CBTの後にWBTを付加する組み合わせが最良だろうが，その組み合わせがCBTを単独で実施するよりも有効であるか？ 20名の全般性不安症患者が8セッションの認知行動療法を実施する群と4セッションのWBTをCBT後に実施する群のいずれかに無作為に割り付けられました[19]．どちらの治療も有意な不安の減少と関連していました．しかし，CBT単独群よりもCBT/WBTの組み合わせで順に実施した群の方が，CID[2]やPWB[1]やSQで測定される症状の低減と心理学的ウェルビーイングの改善の双方で有意な改善を示しました．それらの結果は，GADの治療にウェルビーイング療法を付加することの臨床的な利点と実行可能性を示唆しました．これらの知見を次のように説明することが可能でしょう．ウェルビーイングエピソードのセルフモニタリングは，認知療法でよく用いられる苦痛エピソードのセルフモニタリングよりも，自動思考がより包括的に特定されるのかもしれません[20]．そのため，結果としてより効果的な認知再構成になるのかもしません．それらの結果はまた，ウェルビーイング療法がCBTの単独実施にはない何かを提供するという私たちの仮説を支持するものでした．

気分循環性障害への取り組み

このときまで，私たちは基本的には，ウェルビーイング療法を，支障が存在する水準の人における心理学的ウェルビーイングを増加させるためのツールとして理解していました．しかし，私の臨床実践の中で，それらの心理学的な側面が誇大あるいは非現実的である患者を見ることが

ありました。例えば、環境制御力によって、過剰な挑戦をさせられ、とてもストレスフルな状況を強いられている患者もいました。ウェルビーイング療法の役割は単に、ウェルビーイングの増強だけでなく、その機能の安定化をも担うのだろうか？　私たちは、こうして、ウェルビーイング療法を気分循環性障害の治療に適用することを決めました。気分循環性障害は、大うつ病や躁病の診断基準を満たさない程度の軽度もしくは中程度の気分、思考、行動の変動が含まれます[21]。よく起こり、支障のある病態ですが、あまり研究の関心の対象とならず、気分循環性障害の治療で認可された治療薬はありませんでした。62名の気分循環性障害の患者が無作為に認知行動療法に次いでウェルビーイング療法を実施する群（CBT/WBT群）と臨床的マネジメントを実施する群に割り付けられました。独立の盲験化された評価者が治療前・後・1年後と2年後のフォローアップで患者を評価しました。CID[2]とペル・ベック（Per Bech）ら[22]によって開発された躁病評価尺度（Mania Scale：MAS）が症状評価に使用されました。治療終了後、アウトカム指標に有意な差が見られ、CBT/WBT群が臨床的マネジメント群よりも改善することが示されました。臨床的な改善は1年、そして2年後のフォローアップまで維持されました[21]。この結果は、ウェルビーイング療法が気分変動や併発する不安の双方に有効である可能性や、気分循環性障害の有意で持続的な改善を導く可能性を示しています。

ウェルビーイング療法の役割とは何か？

　本章で概観された研究や、本書で後から述べられる他の調査は、ウェルビーイング療法の潜在的な役割が、当初想定していたよりも広かったことを示しています（当初は残遺する症状がある段階の気分障害や不安症の再発リスクの改善を想定していました）。それらの研究のプロトコルの開発と臨床実践でウェルビーイング療法を使用することは、最初に

確立されたウェルビーイング療法を洗練させるための土台になりました。エレナ・トンバ（Elena Tomba）の貢献によって，2009年に最初の修正がなされました[23]。アメリカのCBTにおける中心人物であるジェシー・H・ライト（Jesse H. Wright）がウェルビーイング療法を用い始めて，さらに情報が蓄積されました[24]。本書の第2部では，ウェルビーイング療法が臨床場面で実際にどのように実施されるかを説明します。まずは臨床評価に関して，続いて8セッションのプログラムを解説します。この8セッションプログラムは，必要に応じて，12セッション以上にのばすこと，あるいは，もし先行してCBTを実施している場合には，4セッションに短縮することもできます。

第 2 部　ウェルビーイング療法
　　　（8 セッションプログラム）

第4章

初期評価（初回面接）

　初回面接の目的は，患者がウェルビーイング療法に適しているかをアセスメントすることです。過去20年の間，臨床医学分野では，エビデンスに基づく医療（evidence-based medicine：EBM）の慣例の下で，単純化しすぎる，あるいは倹約的すぎるアプローチが，次のような論理を導き出しました。診断をすることが重要であり，ある治療（例えば，薬物療法）が無作為化比較試験で有効性が示され（メタ分析という統計的な手続きによってまとめられ）た場合に，実際の治療で使用すべき，というものです[1]。ヒーリー（Healy）は，これに関して次のように述べています。「無作為化プラセボ統制試験は臨床的効果を明らかにするために始まったが，医学領域でいまや慣習とされているこの権力を持った領域は，行為に権限を与える技術に成り代わってしまった……。抗うつ薬，抗精神病薬，または気分安定薬の臨床試験でプラセボ薬を対照治療とする臨床試験において，私たちがしているように躊躇なく薬物を使用するのを避けるべきであることを示唆する場合，それらの製品の臨床試験はガイドラインに掲載され，治療を強行する手段に成り代わる」（文献2のp.200）。

　これは抗精神病薬を世界中で広く消費するといった薬剤業界の流れに対する反応でしょうが，心理療法も同じ道をたどります。精神療法のア

プローチが，特定の診断基準を満たす集団（例えば，パニック症）において有効であることが明らかにされてきたならば，それは実用化されるべき，ということになるのです。第2章で述べたように，この論法は，症例の100％に有効な治療法はなく，場合によっては逆効果になることさえある，という事実を忘れさせます。認知行動療法は，パニック症に対する有効性が明確に示されてきました[3]。しかし，私は臨床家として，私が会ったすべてのパニック症の患者に対して認知行動療法が有効である，とは言いません。私は，臨床的な考えに根ざして広範なアセスメントに基づいて判断をします。

　シアラ・ラファニール（Chiara Rafanelli）とエレナ・トンバ（Elena Tomba）と私は，精神疾患の診断・統計マニュアル（Diagnostic and Statistical Manual of Mental Disorders：DSM）[4]で定式化されるような，単一の精神疾患の診断は，臨床プロセスを明瞭に表現するためには不十分であることを議論しました[5]。まずはじめに，症状の範囲を限定し，その限定された症状に基づく診断基準を排他的に信用することは，臨床プロセスを貧弱なものにし，そこには精神科臨床における複雑な意思決定が反映されません[5]。私たちには，ストレス，ライフスタイル，閾値下の臨床症状，疾病行動，心理学的ウェルビーイング，対人関係，ソーシャルサポートなどの，より広範な情報が必要なのです[6]。次に，私たちは，それらの臨床データを臨床的推論のための包括的な枠組みにおいて整理する必要があります[6]。私たちは，アムステルダム大学の臨床心理学の教授であるポール・エメルカンプ（Paul Emmelkamp）が開発した，マクロ分析（macroanalysis）という枠組みの有用性を述べてきました[7]。マクロ分析は，同時に起こっている症状と問題の間の関係性を確立することからなります。マクロ分析はDSMにおける合併の概念のような診断体系に限定されず，臨床家によって判断される患者個人の人生に影響を与える問題にも適用されます。マクロ分析は，多くの患者で，次の前提をもって開始します。それは，異なる問題領域の間には機能的な関係

図1：抑うつ患者のマクロ分析（段階1）

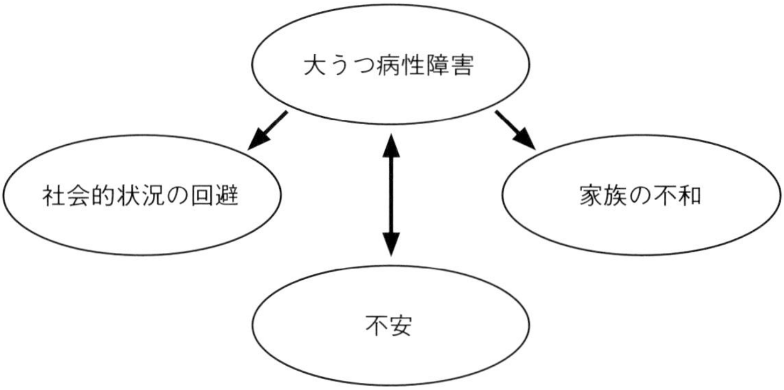

```
          大うつ病性障害
         ↙      ↕      ↘
社会的状況の回避          家族の不和
              ↕
             不安
```

性があるということ，そして，治療の標的は障害の経過中に変わってくる可能性があるということです。異なる治療法が，異なる時期に選択されるかもしれません。選択された治療法が，多様な要因（例えば，緊急性，治療ツールの入手可能性，臨床家あるいは患者の優先事項など）に基づいて，階層となって治療計画を構成します。例えば，DSM-5の大うつ病の基準を満たすうつ病患者のケースについて考えてみましょう（図1）。

　抑うつエピソードは，興味の喪失やイライラを生じさせるため，家族の問題，社会的活動の回避を引き起こします。抑うつは重篤で，不安症状が混在しています。この場合，マクロ分析は主要な問題領域を明確にすることに役立ちます。どのような介入法を優先するかを臨床的な判断によって示します。今回のケースでは，抗うつ薬の使用が最も緊急性を要する治療的判断であるように見えます。治療の第一選択肢により抑うつ症状が改善した後に新たに行われるアセスメントでは，他の領域の問題が顕現するかもしれません（図2）。すでに明らかにされていた家族の問題に加えて，最初の評価のときには明確にアセスメントすることができなかった社交恐怖と無能感が顕現化するかもしれません。

図2：抑うつ患者のマクロ分析（段階2）

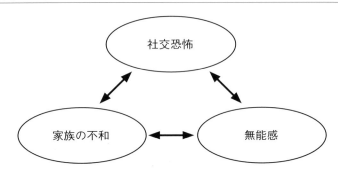

　臨床家はこのように，3つの異なる，しかし，表面的には関連する問題に直面します（図2）。臨床家はそれらの問題を，抑うつからの不完全な回復と関連づけて判断し，抗うつ薬を増量したり，補強する戦略を始めたりするかもしれません。臨床家は，図2に示されたすべての問題を異なる治療（例えば，精神療法）に段階的なモデルの中で割り当てる判断をするかもしれません。他には，階層的な推論にしたがって，そのときの1つの問題に取り組むという考えもあるでしょう。図2で示した症例の場合，社交恐怖に対する認知行動療法を処方するのが優先でした。社交不安症の治療は，無能感や家族問題の十分な改善をもたらすでしょうか？　それとも，WBTの実施が必要となるでしょうか？　後者の場合，CBTに加え，WBTが行われるでしょう。さらなるマクロ分析の使用例は他書を参照ください[6]。

　治療的アプローチの適用を決めるうえで重要な3つ目の側面は患者の治療歴です。エレナ・トンバ[9]は，患者は通常の条件下では，その治療歴にかかわらず臨床試験に組み入れられることを観察し，それらの患者を（臨床試験で有効性が検証される治療法には）「ハマらない患者（nowhere patients）と定義しました（訳注：nowhere patients は，抗うつ薬

や精神療法の治療を受けても効果のなかった患者を指している。Nowhere Man というビートルズの曲に由来し，その邦題は「ひとりぼっちのあいつ」だが，エレナ・トンバの原著の文意に沿って訳した）。WBT が適用された最初のケース（第 2 章）では，治療歴が私を新たなアプローチに取り組むように促した要因でした。

　臨床家は自身の日々の臨床実践の中で，このような用法を意図的に行っているわけではありませんが，この推論を採用します（臨床家は例えば，マクロ分析を用いていることを自覚していないかもしれません）。そして，無作為化統制試験では，固定の治療パッケージを臨床試験に組み入れた全患者に適用します。関連する例外としては，気分循環性障害における WBT の研究があります[8]。これは，先の章で論じました。その研究ではマクロ分析に基づいて実験群の臨床治療が進められました。

　WBT は DSM-5 で呈示されるような特定の診断基準を満たしていれば誰にでも適用すればよいというものではありません[4]。WBT は臨床的推論とマクロ分析によって促進されるケース・フォーミュレーションに基づいて進められるべきです。WBT は疾患を発症するある段階で適用されるべきです。そのため，治療への反応性の評価が含まれます[9]。セッション数もまた，この推論を反映します。

　WBT を実施するか否か，WBT を単独で実施するか CBT の実施後に行うかといったことが問題になるでしょうが，心理学的ウェルビーイングに特化したアセスメントが必要になります。先の章で 2 つの尺度，PWB[10] と SQ[11] について言及しました。これらの指標は，それぞれウェルビーイングの異なる側面を測定します。また，患者との相互作用とフィードバックを促進するための，PWB の研究用の半構造化面接もあります[12]。しかしながら，私たちが実施してきた臨床試験では，セラピストは PWB や SQ の得点について盲検化されており，私の臨床実践では，それらを系統的なやり方で用いることはありません。その一方で，私は主に CID を用います[13]。

WBTは抑うつ，全般性不安症，気分循環性障害に対して有効性が示されており，もしかすると統制試験での適切な検証が待たれる他の疾患にも適用可能であるかもしれません（本書の第3部で，それらの適用可能性について論じます）。通常，WBTは急性の精神科疾患の治療の第一選択として用いるのは難しいです。第二，第三の治療としての選択がより適切でしょう。臨床実践で出くわす多くの患者は，研究にリクルートされる典型的な症状のボランティアとは違い，とりわけアメリカでは疾患が複雑で慢性的です[5, 14-16]。治療の一経過で，十分な寛解が維持されることになると信じるのは，単純で欲張りな考え（つまり，EBMの過度な単純化）です。以後の章では，介入の目的や段階に応じて，治療プログラムの構造や実施のタイミングは，広く多様であることを念頭におきながら，8セッションの治療プログラムを概観します。WBTは，短期の精神療法的方法で，必要であれば，12回以上にセッション数を伸ばすこともあります。先にCBTが実施されている場合，セッション数を4回に短縮することができます（第14章）。各セッションの時間は40〜50分です。セッションの間隔は2週間ですが，必要に応じて，1週間と短くしたり，あるいはもっと長くしたりすることもあります。

第5章

セッション1

　最初のセッションは，患者の最近の問題や過去の治療歴（薬物療法も心理療法も含む）を把握しやすい状況です。患者のこれまでの経験，成功，失望を感じ取ることが重要です。そうしたことを探る際には，一般にオープンな質問とその答えの明確化，そして具体的な質問をします。また，治療者には，患者の普段の対処行動をアセスメントする機会があります。そのような最初の評価は徹底的なものである必要はありません。今の状況を患者と共有する機会は他にもあるでしょう。この最初の段階の長さは様々ですが，治療プロセスの概要について話すために，少なくとも15分は面接時間を残しておく必要があります。もし患者が以前に何らかの評価や治療を受けていた場合，意識のほとんどを苦痛と苦痛によって生じる結果に向けてきたことを治療者は認識すべきです。このことは，不本意ながら，人生のネガティブな側面を強めてしまいます（「あなたは何に困っているのか話してください。うまくいっていることは省略しましょう」）。これまでの治療との違いは以下のような言葉で伝わります。「これまで私たちはあなたの苦しいことや弱い点に焦点を当ててきましたが，次の治療法はあなたのポジティブな側面に働きかけて，満足のいく発展の妨げになっているものを追い払おうと思います。私たちは発展を積み重ねていくことができると私は確信しています」。

表1：ウェルビーイング日記

状況	ウェルビーイング	強度*（0-100）

*）0はウェルビーイングの全くない状態を示し，100は患者が実際に体験できる最も強いウェルビーイングを示す

　患者は，構造化された日記で，ウェルビーイングを体験したときの状況を，0から100のウェルビーイングの評価とともに（0はウェルビーイングがない状態，100は体験されうる中で最も強いウェルビーイング）報告するように促されます（表1）。患者はこのホームワークを課されるとき，良い気分を感じることがないから空白の日記を持ってくることになると反論することがあります。そのときは，このような瞬間は必ず存在しますが，見過ごされがちなものです，と返答をすると役立ちます。それゆえに，患者はとにかくウェルビーイングを観察するべきなのです。

　ジェシー・ライト（Jesse Wright）とローラ・マクレー（Laura McCray）は，0から100点の尺度を用いて，全体的なウェルビーイングの感覚と特定の領域でのウェルビーイングの感覚を評価する「ウェルビーイングチェック」を考案しました[1]。おそらく，このウェルビーイングチェックは，私たち1人1人が，自分の人生がどのように進んでいるかを理解するためにすべきことなのです。私は，表2に示している「ウェルビーイングチェック」の修正版を用いることを提案します。ただし，これは補足的なアセスメントツールとして用いることはできますが，表1で始めたホームワークの一部ではありません。

　患者は，セッションとセッションの間の期間が，つまりその間に患者

表2：ウェルビーイングチェック

あなたの人生において，今の時点での，あなたのウェルビーイングの感覚を，0～100点で評価してください。
　（0：ウェルビーイングの感覚はない，100：これ以上良い感覚はない）

1．全体的なウェルビーイングの感覚　（　　　）
2．身体の状態に関するウェルビーイングの感覚　（　　　）
3．自分の人生の状況をコントロールしている　（　　　）
4．年を追うごとに成長し成熟してきているという感覚　（　　　）
5．将来自分ができることに前向きな気持ちでいる　（　　　）
6．自分の信条を貫いていることを嬉しく思う　（　　　）
7．自分の人生を振り返ったときに，物事の結末に満足している　（　　　）
8．他の人との関わりから多くのものを得ている感覚　（　　　）

が実際に行うことが，治療の最も重要な一部だと伝えられます。WBTの原理や考え方についても，また私たちのいう「ウェルビーイング」とは何かについても事前の説明はありません。後々わかってきます。体験も感情もどちらも対象になるということだけ伝えられます。もし患者の強み（strength）を解放したいのであれば，構造を用いることはできません。なぜなら，構造は柔軟性に乏しく，事前に決定されていることが多いからです。私たちは，個人個人に特有の世界観と意味を探索していく必要があります。

　治療者は，自己療法（self-therapy）の概念を紹介してこのセッションを終了します。「もしあなたのコレステロール値が高いと医者が気づいたとき，その医師はあなたのコレステロール値を下げるための薬を処方するかもしれません。しかしまた，医者はあなたに体に良いこと（特定の種類の食品，身体を動かす運動など）や悪いこと（高コレステロール食品，活動しないでいること，喫煙など）に関するアドバイスをいくつかするでしょう。この自己療法は，少なくとも薬物療法と同じくらい重要なものです。私たちの自己療法は，ここまで単純ではありませんが，

表3：セッション1の目標

1. どのように感じているか，最近の苦痛，過去の苦痛，治療歴を，患者に説明してもらう。
2. 想定されるセッション数，セッションを継続する期間，セッション間の間隔，望まれるホームワークなど，WBTの構造や様式に関する情報を提供する。
3. 意思疎通がしっかりできるような関係づくりをし，治療同盟の基礎を築く。
4. 自己療法の概念を紹介する。
5. 最初のホームワークを出す（ウェルビーイング日記）。

同じ原則に基づいています」。こうして，患者は，次のセッションまでの2週間，アセスメント日記を行うように促されます。「これは私たちが協力して行う最初のステップです。とても重要なものです。毎日書く必要も，長い報告を書く必要もありません。また，書き方の形式にもこだわりません。でも，私はあなたが書いたものを読むのを心から楽しみにしています」。表3に，このセッションの目標をまとめています。

第 6 章

セッション 2

　患者が再度来院したら，大きな可能性が生まれます。患者が日記を書いてきてくれることが望ましいことですが，紙に少しでも何か書かれていれば良いでしょう。私は個人的に昔ながらの書き方の重要性を強調し，コンピューターを使ってホームワークを行うことはやめさせていますが，これは私が課している制限であり，より若い治療者が WBT を行うときは制限しません。原則として，ホームワークを患者が持ってきたら，私はそれを検証する前に，患者に労いの言葉を伝えます。もしホームワークを持ってきていなければ，私はそのセッションでは現在の状況，抵抗，困難，理解していない点を探ることに時間を使い，自己療法を始めなくては手も足も出ない状態だと患者にはっきりと伝えます。

　このプロトコルを開発する中で，私は恐怖症，特に広場恐怖を伴うパニック症[1]や社交不安症[2]を対象とした行動的治療での体験に影響を受けました。ホームワークを用いながら患者を治療するうえで，非常に小さなステップを漸進的に進めること，はじめから認知再構成法とエクスポージャー法を混ぜないことがどれだけ重要なのか学びました（これらの方略については第 17 章で考察します）。ウェルビーイングの体験や感情を観察することは，患者に自己観察を取り入れることであり，それはすでに治療的な要素になります[3]。

ミール（Meehl）[4]は以下のように述べています。「快の容量が中程度以上の人が必要とする以上に，快の容量の低い人が，どのようにして自身の活動の『快の簿記（快楽の増減具合）』に多くの注意を向けたらよいだろうか？　つまり，生まれながらに快楽を感じることができず苦しめられている人にとっては，友人，仕事，街，義務，趣味，そして活動全般について有能で利口な選択ができているかどうかの方が重要なのです」（p. 305）。これは，2つの対照臨床試験においてミールが観察し確信に至ったことです[5,6]。

　しかし私は，患者と日記について話し合う前に，患者本人がどのように感じるか，2週間物事がどのように進んだか尋ねたいと思います。私は，（ホームワークをしてきたときは褒めますが）私がただ「成果物」に興味を持っているだけだという印象を与えたくありません。そして，私は人としてその人に興味を持っていることを伝えたいのです。実際そうなのですから。こうすることで，私たちは時間を無駄にしなくてすみます。もし患者に何か心配事があれば，その心配事を共有しないかぎり，集中できないでしょう。そのため，実質的には私たちはより生産的な時間のために投資をしていることになるのです。このセッションの目標は，ホームワークを概観することです。

　第2章で記述した哲学科の学生の症例や，表1で記載した例のように，一般的にはホームワークで状況や評価（0-100）をたくさん書いてくる患者はほとんどいません。表1に示しているのはアレックスの例です。アレックスは営業マンで，ここ数カ月，製品とサービスについて日に日に文句の増える顧客のところに通わなければなりませんでした。アレックスはその顧客のもとを訪問することをとても心配し不安に感じていましたが，思っていたよりもうまく事が進みました。彼は安心し，顧客のところを去った後の数時間は元気でした。

　このフェーズでは，患者とウェルビーイングにつながるものについて区別し，話し合うことが重要になります。まず，ウェルビーイングは，

表1：アレックスのウェルビーイング日記

状況	ウェルビーイングの感覚	強度（0-100）
仕事で難しい状況に対応しなければならなかった。	思っていたよりうまくいった。	30

単純に感情であり，アレックスの場合は不安や苦悩から解放されて生じた感情です。人から十分に認めてもらえないというのは，多くの患者が抱える精神的な痛みの体験です[7]。患者はこうした体験について自発的に話すときもあれば，つっこんで聞かれた場合にしか（聞かれることは少ないですが）答えない場合もあります。精神的な痛みは，痛い場所を見つけることができず，はっきりとした原因もないので，多くの身体的な痛みより苦痛なものかもしれません。表2では，自己評価尺度に記載されている，精神的な痛みの特徴をいくつか示しています。悲嘆がもたらすのは，空虚感，目的の喪失，精神的痛みが引き起こす苦痛です。悲嘆は不安や抑うつと関連しているのかもしれませんし，そうでないかもしれません[7]。ウェルビーイングは，このように，精神的痛みから逃れられた結果なのかもしれません。どのような苦痛にもたいていは中休みがあり，それは私たちが掴むべき好機であることを説明することが重要です。

また，ウェルビーイングは特定の体験（患者自身の行うこと）に関連しているかもしれません。認知療法で用いられる「楽しみを感じられる活動」という言葉は，ここでは誤解を招くかもしれません。とりわけ私たちは，「最適」もしくは「フロー」体験として定義されてきたものを模索します[8]。それらは，明確な目標，即時のフィードバック，十分な個人のスキルに合った難易度の高いチャレンジ，活動と意識（注意）の統合，手元にある作業への集中，知覚された状況のコントロール，自己意識の喪失，時間感覚の変化，内的な動機づけに特徴づけられます[8]。

表2：精神的痛み質問紙（The Mental Pain Questionnaire：MPQ, Fava GA）

精神的痛み質問紙（MPQ）

精神的もしくは心理的な痛みは，誰もが必ず体験するものです。身体的な痛みとは異なります。過去1週間におけるあなたの精神的な痛みの体験について教えてください。回答に，正解・不正解はありません。すばやく進めてください。

1．痛みを感じる	はい	いいえ
2．心が傷ついている	はい	いいえ
3．私の失くしたものは二度と見つからないだろう	はい	いいえ
4．痛みはどこにいても感じる	はい	いいえ
5．痛みはいつも感じる	はい	いいえ
6．なぜこの痛みを感じるのか理解できない	あてはまる	あてはまらない
7．虚しく感じる	はい	いいえ
8．私の人生には意味がない	あてはまる	あてはまらない
9．私の痛みは決して消えないだろう	あてはまる	あてはまらない
10．私が死なないかぎり私の痛みは止まらない	あてはまる	あてはまらない

このテーマの発展的な研究では，難易度の高い挑戦と十分な個人のスキルが適合していることを自覚していることが重要視されています[9,10]。適合しているかどうかは動的であり，難易度の高い挑戦であると自覚することで，関係するスキルの向上が促進されることもあります。一方，能力が高まることで，より高い能力が求められるより複雑な課題に挑戦しやすくなります[8,10]。横断研究では，仕事，勉強，スポーツ，芸術，余暇といった日常的な文脈の中でも最適経験が生じうることが示されています[10]。それゆえ，患者は，毎日の生活の中で最適経験を感じるかどうか報告するように，また日記の中で関連する活動や状況をリストアップするように促されます。どのくらいの時間をこうした活動に使っているのでしょうか？　こうした時間は最近では少なくなっているのでしょうか？　患者は，最適経験をより探し求めるように，日記でそうした体験

表3：ウェルビーイング日記

状況	ウェルビーイング(0-100)	妨げになる思考／行動
ウェルビーイングが生じる状況	その特徴や強度	ウェルビーイング体験を中断させるもの

を報告するように励まされます。

　患者がウェルビーイングの体験や感情に対して行った評価にも着目します。もし評価が一貫して低ければ（30点など），治療者は，どのようなことであれば70点，80点の評価になりそうか患者に尋ねます。これは，患者がより低いレベルのウェルビーイングにだけ注目することを避けるために行われます。最初のセッションと同じように，ウェルビーイングの定義も説明することなく，ヨホダ（Jahoda）[11]のモデルやリフ（Ryff）[12]の作成した質問紙におけるウェルビーイングを特徴づける心理学的要素について紹介することもありません。

　恐怖症患者とエクスポージャー法（曝露：exposure）のホームワークの予定を決めるとき，私は彼らの日記にホームワークを書き留めなければなりませんでした。また，私は彼らの行動を変える文章を書き加え始めました（「これはとても良い行動です！」「あなたはこれまでしてきたように逃げるべきではありません」）。また，徐々に，私たちが話し合ったことや私が重要だと思ったことをいくつか日記に書くようにしました。ロバート・ケルナー（Robert Kellner）は，内科医は教育的な活動をおぼえていないが（しばしば10％未満），自分の患者が診察中に話されたことを100％覚えていると確信しているということをしばしば私に思い出させてくれます。そうしたことから，私は励ましの言葉やちょっとした行動的な処方箋を日記に書くようになり，日記を「私たちの日記」と呼んでいます。

　患者はウェルビーイングを観察する日記をつけ，最適経験を待ち，日

表4：セッション2の目標

1．全体的に患者がどのような2週間を過ごしたか確認する。
2．ウェルビーイング日記と日記を完成させるうえで難しかった点を概観する。
3．どの感情や体験で患者の気分が良くなるのか推測を始める。
4．最適経験の概念を紹介する。
5．ウェルビーイングを邪魔する思考や行動を観察することを紹介する。
6．ホームワークを続ける（ウェルビーイング日記）。

記で報告し続けるよう促されます。2週間後に次のセッションの予定を入れます。患者は，表3に示したように，日記でより多くの情報を報告するよう求められます。何がウェルビーイングを即座に中断させるものなのか，どんな思考あるいは行動なのかに私は興味があります。第2セッションの主要な目的は表4にまとめられています。

第7章

セッション3

　この段階の治療では，患者がウェルビーイングを体験しているときを自己観察する能力，ウェルビーイングをすぐに中断させる思考，信念，行動を特定する能力を高めることに焦点を当てています。

　治療者はホームワークを完成させるのに何か難しいことがあったか患者に尋ねます。もしあれば，ホームワーク完成のための問題を特定するトラブルシューティングが行われます。治療者は患者が日記を完成させるために作業をしたことを褒めます。例えば，前章で記載したアレックスの場合は，いくつかの思考が明らかになっています（表1）。

　これは，エリス（Ellis）とベッカー（Becker）による論理情動療法における不合理な緊張を引き起こす思考[1]，または認知療法における自動思考[2]の探索と類似していることが明らかです。しかし，苦痛の代わりにウェルビーイングをベースとしているため，自己観察のためのきっかけが異なります。WBTでは論理情動療法で開発された技法を用いることもできますが，これまで行われてきたすべての研究でも私自身の臨床実践でも認知行動モデルを参考にしたものが用いられています[2]。

　このように，患者は，自動思考の概念を日記から得られる例や追加の説明を通して紹介されます。自動思考は，特別に注意を向けないかぎり患者は気づいていないかもしれません。また，自動思考が，思考ではなく，

表1：アレックスのウェルビーイング日記

状況	ウェルビーイングの感覚 (0-100)	妨げになる思考／行動
仕事で難しい状況に対応しなければならなかった。	思っていたよりうまくいった。(30)	とてもラッキーだった。でも運は続かない。

視覚的なイメージかもしれません[2]。それらは一般的に，個人にとっては現実にあった事実に基づくことだと考えられており，それゆえに強く信じられています。自動思考は(CBTモデルに沿って観察できるように)苦痛のエピソードを進展させますが，ウェルビーイングを妨害することもできます。それは苦痛が生じる前に起こっているのかもしれないし，そうではないかもしれません。これらの認知は自動的，習慣的で，確信しているものであるため，これらの妥当性を検討しようとする人はほとんどいません[2]。これらを特定することは簡単なことではなく，特別な練習が必要になります。患者は，始めてすぐに自動思考を特定できなくても，失望する必要はありません。もし簡単に特定できたら，それは自動思考ではないかもしれません。この段階はきわめて重要になります。なぜなら，治療者はこの段階で，不合理な信念や自動思考でいっぱいになっているのが心理学的ウェルビーイングのどの領域なのか，あるいはどの領域は影響を受けていないのかを特定することができるからです。治療者は「この考えを支持する根拠もしくは反論する根拠は何ですか」「あなたは全か無かで考えていますか」といった適切な質問でこれらの思考に挑戦するとよいでしょう[2]。

　ウェルビーイングがすぐに中断されてしまうことは，思考や信念と関連しているだけでなく，特定の行動の結果でもあるでしょう。アレックスが顧客とうまくいったのが単に運の問題だと信じていれば（表2），彼はその日に他の危険は犯さず，一見難しく見える他の機会を避ける判

断をするかもしれません。アレックスはその日他の顧客を尋ねようとせず，こうすることで大事な機会を放棄しているかもしれません。

　広場恐怖に罹患している患者に対応していたときのことです。広場恐怖の患者は，逃げることの難しい状況（公共の交通機関，閉鎖された空間，人混みなど）に恐怖を感じ，そのような状況を避けます。私は，こうした患者は，患者にとって重要で避けられないものへの曝露が制限されていることに気づきました。彼らの人生は，外から見ると普通に見えるかもしれませんが（仕事に行く，買い物をする，など），回避は彼らの人生を制限します。同じように，アレックスはよく知っていること，検証されたことにしか対応しません。彼は，新しい状況には対応できない，彼が十分に対応できないことが明らかにされてしまうと心の奥底から信じているため，すぐに新しい状況を回避します。このような場合，次の章で記述するように，患者が納得できる課題に向き合えるように勇気づけるような，注意深い曝露のホームワークが必要です。

　また，治療者はどのような種類の状況／活動が強い喜びや達成感と関連しているか記録をつけておきます。特に最適経験には注意が向けられます[3,4]。マッシミニ（Massimini）とデレ・ファブ（delle Fave）[4] は，最適経験を人生の中で心理学的な選択（個人が優先的に育む，興味，人間関係，価値，目的など）をする際の「精神の羅針盤」とみなしています。これは，単なる喜びの体験ではありません。個々人がそれを求めて努力するものの総称のようなものです。例えば，私は人生を苦しんでいる患者を助ける方法を見つけようと努めてきました。外で楽しむ代わりに，図書館で時間を使い，一生懸命仕事をし，私の臨床体験と人生の体験を反映させました。こうすることで，私はもっと楽しくストレスの少ないかもしれない他のものを諦めました。しかし，この本を書く過程は，私にとって最適経験です。人々を助けるかもしれない方法を伝えることができるということは，私にとって努力に値することでした。この本は，最初はすべて手書きで書かれました（私が重要だと思うことを書く方法

表２：ウェルビーイング日記

状況	ウェルビーイングの感覚（0-100）	妨げになる思考／行動	観察者の解釈

は，手書きだけです）。そしてこのことは，他の過去の経験にもつながっています。長い年月の間，仲間や同僚はこの本を書くように言ってきていましたが，私は「時間がない」と答えていました。ある意味これは事実ですが，より短い記事を書いたり，他の方法で自分の時間を作ったりすることができたかもしれません。もしこの本を書くことが最適経験である可能性が高かったのであれば，なぜ長い間私はこれを避けてきたのでしょうか？　おそらく，私にはより多くのデータ，より多くの時間，より多くの経験が必要だったのです（そして，本当に，もし私がこの本を5年早く書いていたら，この本はかなり違ったものになっていたでしょう）。しかし，実際には，同僚の何気ない一言で魔法をかけられたように執筆する気が起こるまでは，私は準備ができている，あるいは十分だとは感じていなかったのです。

　治療者は，最適経験をより活発に行うためのきっかけであるべきです。そのため治療者は，ウェルビーイングや最適経験を引き出すかもしれない活動を促し，すすめてもよいでしょう（例えば，毎日決められた時間に特定の楽しい活動を行うことを日課とするなど）。喜びが恐怖と混合しているとき，そのような活動の促しは，段階的にホームワークとして課されるかもしれません[2]。これは患者が避けがちな恐怖を感じる状況や難しい状況への曝露療法を特に参考にしています。この段階のWBTは，ウェルビーイングを感じる度に，その瞬間のウェルビーイングを自己観察することに焦点を当てます。しかしながら，治療者は，自己観察

表3：セッション3の目標

1. 全体的に患者がどのような2週間を過ごしたか確認する。
2. ウェルビーイング日記と日記を完成させるうえで難しかった点を概観する。
3. 最適経験など，どの感情や体験で患者の気分が良くなるのかの理解を深める。
4. どの思考や行動がウェルビーイングを即座に中断させるのか推測を始める。
5. ウェルビーイング日記に観察者の解釈を取り入れる。
6. ホームワークを続ける（ウェルビーイング日記，元気の出る活動や予定を立てた活動）。

(不合理な信念，自動思考も含まれる)が十分な程度に達していなければ，ウェルビーイングを妨害する思考の概念的，技術的な代替案を提案したり，段階的なホームワークの実施計画を立てたりすることは控えます。そうしてさらに観察することが求められるのです。

また，CBTモデル[2]から生まれた具体的な指示が出されます。つまり，4つ目の列を追加するところまで記録が発展します。4つ目の列では，他の人がその状況であればどのように考えるかという観察者の解釈に取り組みます（表2）。

患者はこのように，普段の思考パターンに代替案を展開することを促されます。この作業は，治療者がまだここでは，観察者の解釈に役に立つ資料を提供していないので，簡単なことではありません。ここでの目標は，自己観察のレベルを向上させることです。後のセッションで，より本質的な作業（観察者の解釈）は，順を追って進められます。

患者はウェルビーイング日記をつけて，2週間後に再来するように求められます。

第3セッションの主な目的は表3にまとめられています。

第8章

セッション4

　これまでは，ウェルビーイングを観察することや即座にウェルビーイングを中断させる思考や行動を特定することにほとんどの注意を向けてきましたが，このセッションではウェルビーイングに対する態度を修正するという，より本質的な作業を行うことになります。

　前のセッションと同様に，治療者はまず，どのような2週間だったか，ホームワークを完成させるうえで難しい点があったかを尋ねます。変化は起こりうるものですが，変化には，何が変わるべきかということについて特定の知識が必要であり，それゆえ注意深い観察が求められるということが強調されます。この時点での治療では，患者はウェルビーイングの瞬間（長さにかかわらず）をすぐに同定できるようになっていること，ウェルビーイングを妨害する思考や行動に気づいていること，別の思考や行動が可能か考え始めていることが望まれます。これまで情報がほとんど提供されていないため，一般的に，患者は自動思考を修正したり，他の解釈（観察者の解釈）を見つけたりすることを難しいと感じています。

　この時期は，治療者がより積極的な役割を担い，ウェルビーイング日記に反映させる資料を追加する時期です。患者が日記に書いたことを概観した後，治療者は，関連しつつも異なる2つの方針に沿って取り組み

始めます。

　方針の1つは，標準的なCBTの作業に関連するもので，自動思考を支持する根拠，自動思考に反する根拠や，推論の誤りの定義を分析します[1]。推論の誤りには，完全主義的・二分法的思考（すべて良いかすべて悪い），結論の飛躍（起こりうる最悪な状況の解釈を考える），根拠の無視（すべての情報を見ずに判断する），拡大解釈もしくは過小評価（失敗や困難を拡大解釈し，強みや好機は過小評価する），過度の一般化（小さな不備にもかかわらず，全体に影響が及ぶほど重大なものだと考える），個人化・自己関係づけ（失敗の原因は自分自身だと考える）があります。

　2つ目の方針は，マリー・ヨホダ（Marie Jahoda）によって展開され，キャロル・リフ（Carol Ryff）[3]によって洗練された枠組みに含まれる要素を参考にして，ウェルビーイングが即座に中断されることの解釈に取り組みます。この要素は，事前に決められていた記述として紹介されるのではなく，日記に記載されている内容が各要素の説明に適しているときに限って取り入れられます。日記に記載されている内容がすべての要素に適していたとしても，情報が多すぎて患者の重荷にならないように注意し，1セッションに2つ以上の要素について話し合うことはありません。簡潔にするため，この章では頻繁に生じる2つの要素について記述します。これらは決して最初に話し合うべき要素というわけではありません。この後の2章で，他の要素についても話し合いますが，これは患者に紹介される要素の実際の順序を反映しているのではありません。実際に患者に紹介する順序は，実際に示される患者の日記の記載内容を参考にするのです。

環境制御力（表1）

　これは最も頻繁に支障をきたしている要素です。アレックスは次のよ

表1：環境制御力

支障をきたすレベル	バランスのとれているレベル	過剰なレベル
日課をこなすのに困難を感じる；周りの物事が改善されることはないと感じる；好機に気づかない	環境に対応できるという感覚を持っている；周りの機会をうまく利用している；より自分の欲求に合ったものを選択することができる	困難な状況に対応することを楽しみにしている；ポジティブな感情や余暇の時間をゆっくり堪能することができない；仕事や家族の活動に従事しすぎている

うに表現しました。「ポジティブなことはすべて無効にして（ただのラッキーだった），どんなに予想されていたとしてもネガティブなことが起これば過大視する（これで自分は失敗者だということを強く確信する）フィルターがあります」。「私はすぐに注文してくれた顧客のことを忘れてしまいます。注文しなかった顧客のことだけ覚えています」。このようにコントロール感が乏しいと，患者は身の回りに起こるチャンスを見落とすようになり，それを後から後悔する可能性があります。環境制御力は，ストレスフルな人生経験で重要な媒介要因であり調整要因です。人は，外的な脅威に対して受け身で困らせられるだけではなく，前もって効果的に問題を解決する能力を持っています。また，その一方で休息のための時間を見つける能力や，日々の生活でリラックスする能力も持っています[2-4]。

　WBTを適用し始めた頃には，私はウェルビーイングが損なわれていることに強い関心を持っていましたが，後に，環境制御力がとても高いレベルにあることもまた非機能的になりうることを，特に気分循環性障害の患者を治療する中で気づき始めました（表1）。気分循環性障害に罹患する患者は，対応の難しい状況を招いたり，仕事に時間を使いすぎたり，家族の要望や活動に完全に没頭しています。彼らの計画能力や問

表2：ヨホダの環境制御力の概念化[2]

1. 愛する能力
2. 愛，仕事，遊びにおける適性
3. 対人関係における適性
4. 状況で求められていることに応えるレディネス
5. 適応と調節の能力
6. 問題解決における効力感

題を解決する能力のために，他の人は，いつも彼らに助けを求めるようになります。そして，それは自分が利用されている感覚，要求に困らされている感覚につながります[5]。常に環境をコントロールしようとするこうした態度は，ストレス源になるでしょう。

抑うつや不安の強い患者は環境制御力のレベルが低い傾向にありますが，問題が真逆の患者もいます。つまり，トラブルにつながるような過剰な制御力の感覚が問題になるかもしれません。環境制御力に関するリフの記述は，そのほとんどが仕事の環境に限定されていますが，ヨホダの当初の概念はもっと幅広いものでした[2]。表2にその概要が示されています。

環境制御力が状況によって様々であることは，患者に伝える価値があるでしょう。ある人は仕事ではかなり十分な環境制御力を持っていて，家庭では不十分であるかもしれないし，その逆もあるでしょう。そして，もしあなたが1つの領域で環境制御力を示すことができるのであれば，他の領域でそれを発揮できないはずがありません。心理学的ウェルビーイングは学習過程であり，書くことでこの過程を進めることができるというセネカ（Seneca）の概念はWBT全体に共通するもので，継続的に患者と共有されます。

表3：個人的成長

支障をきたすレベル	バランスのとれているレベル	過剰なレベル
行き詰まっている感覚を持っている；時間が経っても改善される感覚がない；人生に退屈している；興味がない	発展し続けている感覚がある；自分のことを成長している，改善していると思っている；新しい体験に対してオープンである	過去のネガティブな体験を詳しく話すことができない；現実から離れた幻想を生み出している；非現実的な基準や目標を設定している

個人的成長（表3）

　キャロル・リフ[3]は，成長，発展，自己実現に関するヨダの幅広い要素[2]を個人的成長と人生の目的に分けています。実際，心理療法の過程においてこうした分類は重要です。患者はしばしば，目標の達成に向けてなされてきた進歩よりも，自身が期待した目標との距離を強調する傾向があります。生じている基本的な支障は，過去に成功した状況と今まさに進歩している状況の類似点を特定（経験の転移〈transfer of experiences〉）できないことです。このように，個人的成長や環境制御力を自覚することにおける支障は，非機能的な方法で相互に関連している傾向にあります。自分が過去に合格した試験と現在課されている試験の間に共通する内容や方法論的な共通点を認識できない大学生は，環境制御力でも個人的成長でも支障を示します。次の例で，このようなメカニズムを説明します。

　ある銀行の小さな支店の支店長が私に会いに来ました。彼の問題は，矛盾しているようでした。彼は予期せずして，外貨や金融業を扱う中枢の部署の管理職に昇進することになりました。彼はジェネラルマネージャーに会いに行き，その辞令を断ろうとしました。「私はこのような機会をいただき，とても嬉しく思います。でも私は50代半ばですし，

この地位に着くことのできる，自分より適した若い人材が必ずいるだろうと思います。私は現状の地位で十分です」。彼はさらに私に言いました。「私はなぜ自分が選ばれたのかわからないのです。なぜなら，私には外国語の知識がないですし，これまでに外貨に関する経験も積んでいませんし，コンピュータを十分に使うこともできません。こうしたことはこの部署では欠かせないことなのです」。私もたしかに不思議だと思いました（ちなみに，これは何年も前のエピソードですが，その後似たような話をたくさん聞いて，銀行のやり方がいくらかわかってきました。しかしながら，ジェネラルマネージャーは，彼が今いる部署にとどまることはできないと彼に話しました。彼は，新たな地位を了承するか早期退職の決断をするか迫られました（この患者には大学に通う息子と娘がいるため，選択の余地はない解決策でした）。彼はこれまでも常に全般的な不安に苦しんでいましたが，この状況は彼の不安をパニックに変えました。彼は眠れなくなり，不安の身体症状をどうしようもなく強く感じました。とりわけ，彼は何をすべきかわからず，新しい地位に就くことで恥をかくかもしれないと恐れていました。私たちはWBTを始めましたが，私は彼に新しい地位を承諾することも提案しました。「私たちはともに努力し，新しい地位に対応できるように挑戦しましょう」。私たちはやり遂げました。3カ月後，私の患者はジェネラルマネージャーに呼ばれました。彼は長い廊下を歩いている間，ひどい精神科医に新しい地位を了承させられ，これから屈辱を受けなくてはいけないと考えていました。しかしながら，ジェネラルマネージャーは，どんなにことがうまくいっているかを祝福したかっただけでした。彼は信じられませんでした。「どうしたらこんなことが起こりうるのだろう？　外国語は何も学ばなかった，まだほとんど外貨について理解していないし，極力コンピュータを避けているのに」。オフィスに戻ると，彼は日記のことを思い出し，「私はクライエントとの関係がとても良く，良いチームの空気の作り方を知っている。これが，まさに，技術力のずば抜けた私の前任

表4：セッション4の目標

1. 全体的に患者がセッションとセッションの間をどのように過ごしたか確認する。
2. ウェルビーイング日記と日記を完成させるうえで難しかった点を概観する。
3. 最適経験など，どの感情や体験で患者の気分が良くなるのかの理解を深める。
4. 観察者の解釈を書くことで，ウェルビーイングを即座に中断させる思考や行動の認知再構成を始める。
5. 患者が記載した日記の内容に沿って，1つか2つのウェルビーイングの心理学的要素を紹介する。
6. ホームワークを続ける（ウェルビーイング日記，元気の出る活動や予定を立てた活動，段階的なホームワークの割り当て）。

者が持っていないものなのだ。実務については他の人がフォローしてくれている」と気づいたのです。この銀行員はWBTなしでは経験の転移に気づかず，自分のスキルを無視し，もしかすると回避して不適応感がずっと続いていたかもしれません。

　また，自分のパフォーマンスに非現実的な基準を設定し，過去のネガティブな体験を否定し，自分の可能性を過剰に見積もっている場合もあるかもしれません（「自分は何事にも対応する準備ができている」）。個人的成長の過程では，ポジティブな体験とネガティブな体験，成功と失敗の両方を認めることが求められます。もし片方（ネガティブあるいはポジティブ）だけだったら，仕事でもプライベートでも間違いを引き起こすことになります。ヘルド（Held）[6]は，アメリカではポジティブな態度が横行していると述べています。WBTは，「ポジティブに考えること」や北米でのポジティブ心理学の動向と共有することはほとんどありません。WBTは，絶対的な楽観主義や人生の変化に向かうことを促すものではなく，毎日苦しんでいる人を助けようとするものなのです。

　この後に段階的なホームワークが割り当てられます。ホームワークには，チャンスを利用すること，いくつか納得のできる課題に向き合うこ

と，まさに繰り返している生活の中に変化を取り入れることが含まれます。もしくは，仕事や家族に従事する時間を減らすこと，過剰で早計な挑戦を控えること，休憩や余暇のための時間を見つけることが含まれるかもしれません。

　患者は，日記を続けること，このセッションで話し合ったウェルビーイングの心理学的要素に特に注意を払うこと，そして2週間後に再来するように求められます。

　第4セッションの主な目的は表4にまとめられています。

第9章

セッション5

　このセッションでは，ウェルビーイングを妨害する要因を観察するという患者の努力を治療者が確認します。これらの妨害要因を避けるためのテクニックを復習し鍛えます。治療者と患者は，患者の現在の問題に強く関係する心理学的ウェルビーイングの重要な領域（環境制御力，個人的成長，人生の目的，自律性，自己受容，積極的な他者関係）に焦点を当てます。この章では，人生の目的と自律性について論じますが，前述の通り，事前に決めた順番の通りに進めるわけではありません。心理学的ウェルビーイングの側面は，患者が記入してきた日記の中に見つけられたときにだけ，取り入れられるべきです。

　前回のセッションと同様に，治療者はまず，どのような2週間だったか，ホームワークを完成させるうえで難しい点があったか尋ねます。治療のこの時点では，患者はウェルビーイングの例をすぐに特定できるようになっていること，何が妨害要因につながるのか（思考や行動）に気づいていること，別の方略（観察者の解釈）を実行していることが望まれます。そのような方略は，一般的に（患者が過去の出来事について考えるときに）後から振り返って適用されますが，やがて患者は自動思考や回避行動が実際に生じたときにそれらを実行できるようになるでしょう。スポーツ選手が，最初はある行動をどのようにすべきか練習で学び，

表1：人生の目的

支障をきたすレベル	バランスのとれているレベル	過剰なレベル
人生の意味の感覚がない；目標や目的がほとんどなく，進路の感覚がない	人生の目的があり，現在の生活にも過去の人生にも意味があると感じる	非現実的な期待や希望を持っている；一貫してパフォーマンスに満足しておらず，失敗を認めることができない

　それから実際の試合で練習してきたことを応用できるように，患者は新しい知識を実践に取り入れるようになります。

　治療者は，患者がウェルビーイング日記に取り組んでいることを振り返り，患者が自動思考や回避行動を阻止するために，適切にCBTの技術を使うことができるように手助けします。これは治療者との話し合いや相互作用によって達成されるもので，最も重要なポイントを日記に書き込むこともその1つです。もし患者が観察者の解釈を仕上げることができるようになっていれば，患者の日記から例を取り出し，手短に振り返るだけでかまいません。しかしながら，もし患者がその過程の1つ以上の段階で悩んでいるようであれば，治療者はこの目標を達成するために，幅広く例え話を利用するべきです。

　患者をウェルビーイングが適切に機能する方向へ導く方略（セッション内や自宅で用いられるもの）について話し合います。前章で概説した環境制御力と個人的成長に加え，この章では人生の目的と自律性[1-4]について説明します。

人生の目的（表1）

　心理学的な治療の背景にある仮説は，（薬物療法でも心理療法でも）

図1：意気喪失と不満足の過程

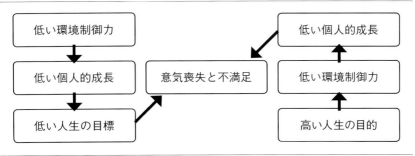

病前の機能を回復させることです。認知行動療法のようなセルフヘルプを強調する治療の場合，治療そのものが，進むべき方向の感覚を患者にもたらします。そのため，セルフヘルプの治療では，短期的な目標が患者に提供されます。しかしながら，急性の症状が和らぐときや病前の機能が不十分なときには，進むべき方向の感覚は持続しません。患者は，方向感覚がないと感じるかもしれないし，自分の人生の機能を低く評価するかもしれません[3]。環境制御力，個人的成長，そして人生の目的のレベルが低く，機能障害が引き起こされているときに，こうしたことが特に生じます（図1）。私たちはウェルビーイングの心理学的側面が相互に関係しており，この相互作用が臨床的な効果を生み出すということに，ここで気づき始めるのです。

また，人生の目的のレベルが現実とはかけ離れて高く，期待が過剰であることもあります。1つ（もしくはそれ以上）の人生の目標を認識する際に強い決意を持つ人は，大きな障害に直面したときでさえ，粘り強さと自制心を持ってこれらの活動にしっかりと取り組みます[4]。そのような粘り強さは重要な仕事の成果につながる一方で，対人関係や余暇の時間といった他の領域を無視することにもつながるかもしれません。「私が第一人者になるんだ」というのは，最初のとっかかりとしては良いか

表2：自律性

支障をきたすレベル	バランスのとれている レベル	過剰なレベル
他者からの期待や評価に関心を持ちすぎている；重要な決定をするときに他者の判断に頼る	独立している；社会的な圧力に抵抗することができる；個人的な基準で行動や自分を制御できる	チームで働くため，他の人から学ぶために他の人に従うことができない；アドバイスや助けを求めることができない

もしれませんが，遅かれ早かれ，人はより現実的な評価に行き着くべきです（「私は第一人者ではないかもしれないが，しかるべき仕事をする」）。困難や失敗について反省することの効果は，それらを否認することで妨げられます。図1で示しているように，意気喪失と不満足はそうして生じます。人生の目的のレベルが高く，その目的が仕事上の目標と強く関連するとき，引退というのはとても乗り越え難い変化かもしれません。治療者の目的は，このように人生の目的の領域を広げることです。

自律性（表2）

患者が自分に価値がないと感じ，非主張的な行動をとるようになるパターンは，臨床場面でよく観察されることです。例えば，患者は自分の意見や好みを隠し，自分にとってはとりわけ興味のない状況に従ったり，もしくは常に他の人の要求を自分の要求より優先させたりします。臨床群において環境制御力，人生の目的，自律性は強く関連しているので，こうしたパターンは環境制御力や人生の目的を蝕み，続いてこれらが自律性に影響するのかもしれません。そのような見方は患者にとってわかりやすいものではないかもしれません。患者は社会的に認められるためにかなりの要求を隠しています。すべての人を喜ばせようという目標を

表3：セッション5の目標

1. 全体的に患者がセッションとセンションの間をどのように過ごしたか確認する。
2. ウェルビーイング日記と日記を完成させるうえで難しかったかもしれない点を概観する。
3. 最適経験の理解と実行を深める。
4. 観察者の解釈を書くことで，ウェルビーイングの即座に中断させる思考や行動の認知再構成を続ける。
5. 患者のウェルビーイング日記の記述内容に沿って，心理学的ウェルビーイングのさらなる要素を紹介し，どのようにこれらの要素が調節されるか話し合う。
6. ホームワークを続ける（ウェルビーイング日記，元気の出る活動や予定を立てた活動，段階的なホームワークの割り当て）。

持っている患者は，その目標を達成できない可能性が高く，その後に続く避けられない葛藤は慢性的な不満足と欲求不満という結果につながります。自律性が支障をきたすレベルの者は，仕事で不当に利用され，過剰な負荷で苦しんでいる傾向にあります。

一方，問題や困難を解決するために自分自身を頼るべきだという信念を育てているような人は，それゆえにアドバイスや助けを求めることができません。そうした人は耐えられない負荷を抱え（例えば日常生活が難しい親の介護をする人のように），どうして自分はひどく疲れているのだろうと考えています。自律性のレベルが過剰な人は，常に人の意見に反対し，独立しているため，他の人に従ったり，チームで働いたり，親密な関係を維持したりすることができません[4]。

治療の過程で，患者は自分の認知的スキーマや信念，心理学的ウェルビーイングに関連する行動が最適ではないという事実に直面します。本人に疑問視されないことから破壊的な強さを引き出す自動思考のように，自分自身のウェルビーイングの構成概念についても，患者はしばしば気づかず，疑問視してこなかったのです。私がこれまでの章で述べて

きたCBTの技術は，認知再構成，活動の計画化，段階的なホームワークの割り当てにおいてとても有効です。「自己療法」の概念は適切に強められます。段階的なホームワークを割り当てることは，社会的な圧力（「私の友達が私にそうすることを期待していて，そうしなければ私が彼女をがっかりさせたと彼女は思うだろうから，私は必ずそうしないといけない」）への抵抗を学習することも含むため，結果としてとてもストレスを感じる不快な活動を含むことになります。あるいは，手助けや助言を求めることや，より現実的な目標を設定することもあるかもしれません。

　患者は，日記を続けること，このセッションで話し合ったウェルビーイングの心理的要素に特に注意を払うこと，2週間後に再来することを求められます。

　第5セッションの主な目標は表3にまとめられています。

第 10 章

セッション6

　このセッションでは，患者のウェルビーイングの妨害要因を明らかにする作業や，それを後から振り返るだけでなく実際の状況に応用する作業を，治療者は継続して概観します。また患者は，患者の長所に沿うような課題や不必要に避けている状況に直面するような課題に取り組むように励まされます。治療者と患者は，患者の現在の問題に強く関係する心理学的ウェルビーイングの重要な側面に焦点を当てます。この章では，自己受容と積極的な他者関係について概観し，心理学的ウェルビーイングの要素の説明を終えます。すでに強調したように，この順番の通りにセッションを行わなくてはならないわけではありません。心理学的ウェルビーイングの要素は，患者が持ってきた日記の記載内容に関連する領域だけが議論されるのです。

　前回のセッションと同様に，治療者はまず，どのような2週間だったか，ホームワークを完成させるうえで難しい点や疑問点があったかを尋ねます。治療のこの時点では，患者はウェルビーイングや最適経験の例をすぐに同定できるようになっていること，何が妨害要因につながるのか（思考や行動）に気づけること，代わりになる考え方（その状況における観察者の解釈）を展開できること，ウェルビーイングや最適経験の可能性を増やす行動を実行できることが望まれます。

治療者は，患者がウェルビーイング日記に取り組んでいることを振り返り，患者が自動思考や回避行動を阻止するために，適切に CBT の技術を使うことができるように手助けします。

　患者をウェルビーイングが適切に機能する方向へと動かす方略（セッション内や自宅で用いられるもの）が話し合われます。この章では，自己受容と積極的な他者関係[1-4]について説明します。

自己受容（表 1）

　患者は，完全主義的な態度（自己受容の欠如が反映されている）や自分自身の基準の代わりになる外部の保証（自律性の欠如が反映されている）のために，現実にはそぐわない高い基準や期待を維持しているかもしれません。その結果，あらゆるウェルビーイングの瞬間が，自分に不満を持ち続けていることで無効になります。人は非現実的な基準を自分のパフォーマンスに課します。例えば，社交不安症の患者は特に優れた社会的パフォーマンスを熱望する傾向にあり（聡明であったり面白かったりなど），平均的なパフォーマンスでは満足しない（平均的なパフォーマンスはスポットライトをあびるという彼らが目指していると思われることにはつながらないでしょう）というのは，臨床場面でよく観察されることです。おそらく，反対の状況が，誇大な自尊心（気分循環性障害や双極性障害に見られるような自尊心）が現実場面で傷つくときに生じるでしょう。自分自身の間違いを認めることができないと，すべての問題を他の人の失敗や欠点のせいにします。そのため，例えば，仕事で長らく安定した地位を得られない状態を繰り返しているのは，自分自身が生産的ではない行動をしているからではなく，いつも自分を不利な立場にする嫉妬深い同僚のせいだと考えるのです。

表1：自己受容

支障をきたすレベル	バランスのとれているレベル	過剰なレベル
自分に満足していないと感じる；過去に起こったことに落胆している；違う人になりたいと思っている	自分の良い点も悪い点も受け入れ，過去の人生をポジティブに感じている	自分の間違いを認めることが難しい；すべての問題を他の人のせいにしている

積極的な他者関係（表2）

　対人関係は，以下の例で説明するように，患者が気づいていない非機能的で，強く根付いている態度に影響されます。

　アンは若い事務員で，何度も失恋するという経験を経て，最近結婚しました。彼女はついに自分は理想の男性を見つけたと信じていて，結婚生活を完璧なものにしたいと思っています。そして，完璧な結婚生活において重視されることの1つは，お互いどのように感じているかについてオープンであることだろうと思っていました。彼女と夫はいつもどのように感じているかを共有するようにしました。しかし，これが2人の関係をかなり難しいものにしているようです。アンの夫は，彼女のコメントや意見のいくつかに傷ついているようで，黙りこんでやり過ごしています。アンは，また自分は失敗した，男性と強いきずなを築くことができないと結論づけています。

　この例は，どのように人が完全主義的な態度によって非現実的な基準を設定するか（完璧な妻，完璧な結婚），そしてトラブルを招くのかを示しています。治療者が，私たちの思考の多くはやがて調節されるべき意味のない感情的な表現なので（内的な会話），思い浮かんだことを何もかも言葉にするのは大事な方略ではないと意見すると，患者はとても

表２：積極的な他者関係

支障をきたすレベル	バランスのとれているレベル	過剰なレベル
親密な信頼のおける他者関係がほとんどない；オープンになるのが難しい	他者と信頼のおける他者関係を持っている；他者の幸せに関心を持っている；人間関係のギブアンドテイクを理解している	自分の要求やウェルビーイングを他の人の要求やウェルビーイングのために犠牲にしている。低い自尊心と無価値感のために，過剰に多くのことを許す傾向にある

驚きます。アンは，結婚すれば魔法のようになくなるはずの自分の悪いところをすべて抑えつけており，そうした思考を見直したり調節したりするための認知的な方法を知りません。同時に，彼女は他の人が関わる社会的な計画を行うことを避けていて，他の人と比較することができません。（拒絶されている，愛されていないといった信念にもつながる）自己受容の支障は，さらに積極的な他者関係も蝕みます。社会との関わりを持っていることや，知覚されたサポートの緩衝効果については，膨大な量の文献があります[5]。家族関係や家族の生活が健康に与える影響に関しても，膨大な研究が行われています。それらの研究では，ネガティブなもの（例えば，離婚に離別）に焦点が置かれ，どのように家族関係や家族の生活が健康を損なうのかに焦点が当てられ[6]，家族の生活のあり方が人の繁栄にどのように貢献するかにはあまり焦点が当てられてきませんでした[7]。家族機能の改善はうつ病の回復過程を促進します[8]。

一方，共感，利他的行動，寛大さの過剰なレベルは，一般にポジティブにとらえられるものですが，有害なものでもあります。例えば，患者は（普通は助けられないような状況で）人を助けられないことや無礼を許せないことに罪悪感を覚えると報告します。向社会的態度の強い人は自分の要求やウェルビーイングを他の人のために犠牲にすることがで

表3：セッション6の目標
1．患者の全体的な状態を確認する。
2．ウェルビーイング日記と最適経験の実行を見直す。
3．認知再構成と自動思考を現実場面と対比させることを見直す。
4．提示された材料に沿って，心理学的ウェルビーイングの非機能的な要素を紹介する，改善する。
5．ホームワークを続ける（ウェルビーイング日記，元気の出る活動や予定を立てた活動，段階的なホームワークの割り当て）。

き，他の人の問題や苦痛に関心を持ちすぎて圧倒されていきます。最終的には，他者を救したり，良くしてくれる人に感謝することで，自尊心の低さ，自分自身の価値感の低さを覆い隠すことができるのです[4]。

患者はこのように，代替となる概念や行動に直面します。患者は，日記を続けること，このセッションで話し合ったウェルビーイングの心理学的な要素に入念に注意を払うことを求められます。自己療法の概念が強調されます。段階的なホームワークの割り当てには，社会的な機会を探求すること（これまで無視していた友達に電話をかけるなど）や過剰な犠牲を制限することも含められることがあります。状況により，患者は，通常の2週間後ではなく，3～4週間後に再来するように求められるかもしれません。

第6セッションの主な目的は表3にまとめられています。

第11章

セッション7

　このセッションでは，セラピストは患者の進行具合を概観します。患者は（治療の）進行具合を評価します。その評価の内容は，ワークの実施状況やまだ調整が必要な領域を特定することです。治療者は，進歩には上り坂も下り坂もあり，ウェルビーイングの感覚が常に持続するのはまれだということを今一度思い起こすように患者を促します。ウェルビーイングの感覚に伴って起こる新しい洞察こそが重要で，それを維持するには継続的な訓練をするしかないのです。人はウェルビーイングを体験したからといって，全く別な人間になれるわけではありません。そうではなくて，あなた自身を解きほぐして自由にするために，認知的あるいは行動的な障害物を取り除くのです。患者は，自分の進歩の大部分あるいはすべてが治療者のおかげであると考えているかもしれません。その場合は，セッション外のホームワークは患者が行っていることであり，その効果こそが非常に重要であることを強調します。治療者は，患者の進歩に寄与している初期の日記や達成したこと，あるいは患者が使った技術を振り返ることができます。特に強調して注目するべきことは，患者が日々の生活の中で使って成功したこれまでとは別の方略です。これによって，患者は，自己療法を継続することの大切さを学びます。

　治療者と患者は，心理学的ウェルビーイング（環境制御力，個人的成

長，人生の目的，自律性，自己受容，積極的な他者関係）についてウェルビーイング日記を通して話し合います。この段階では，概ね，個人に特有の心理学的ウェルビーイングの各側面のプロフィールが得られています。そして，ウェルビーイングの不足している側面，過剰な側面，それらの相互の関連などについて，個人の特徴も得られます。つまり，ある側面では過度だが，別の側面では不足している，あるいは影響を受けていない領域がある人がいます。例えば，ある人は厳格でミスを認められず（過度な自己受容），適度に環境制御力があるが，人間関係や人生の目的，個人的成長で憤りを感じやすい傾向にあるかもしれません。WBTの実施によって，環境制御力は現実よりも見かけ上良く見えていただけであって，低い自尊心や低い自己価値が心理学的なバランスを失わせていたことが明らかになるかもしれません。

　ウッド（Wood）とタリアー（Tarrier）[1]が述べているように，過度なポジティブ感情は有害となる場合があり，精神疾患や機能不全を引き起こす傾向があります。ガラモーニ（Garamoni）ら[2]が示唆しているように，健康的な機能はポジティブ感情とネガティブ感情の最適なバランスによって特徴づけられており，精神病理学は，この最適なバランスからの逸脱によって特徴づけられています。ヨホダ（Jahoda）[3]は，ウェルビーイングの心理学的な側面の重要な部分がまとめあげられることを，統合（integration）と名付けました。この統合においては，心的な力のバランスが変化しうること（柔軟性），それにしたがって未来を形成するための行動と感情を引き起こす統合された人生の展望，そしてストレスへの抵抗（レジリエンスと不安あるいは不満耐性）が重視されます。これは単に過度あるいは極端を避けるという一般的（で役に立たない）提案ではありません。個人がどのようにして，要求を変化させるために，ウェルビーイングの心理学的側面を調整するかです。

　ヨホダは，1907年にウィーンで生まれ，そこでユダヤ人の社会主義者として育ちました。彼女はオーストリアの全体主義体制によって投獄

されましたが，1937年にイングランドに亡命しました。第2次世界大戦後に，彼女はコロンビア大学ニューヨーク校の社会心理学の教授になりました。60代でイングランドに戻り，政治家としてのキャリアを始めました。彼女の人生は，それ自体が柔軟性や，心理学的ウェルビーイングの追求によって焦点の変化が生じることを表しています。結果として，心理学的ウェルビーイングの要素が不足あるいは過剰である部分を見つけるだけでは不十分でなのです。ヨホダの統合の概念にも含まれていますが，変化する状況の中で，これらがどのように相互作用して発展していくのかを評価することもまた重要です。

1998年に行われたWBTの最初の予備研究[4]では，いくつかの重要な洞察を得ました。第一に，PWB[5]で測定される心理学的ウェルビーイングは，短期間のWBTによって増大するということです（修正不可能な特性を扱っているのではないかと考えていた人もいたかもしれません）。第二に，苦悩に焦点を当てる通常のCBTでは，同様の結果は得られるものの，WBTと同程度の有意な結果は得られないということです。最後にリフ（Ryff）[5]のPWBによって理解されている様々な心理学的な要素は，それら自体が強く関連しており，また，他者評定および自己評定の苦悩とも強く関連しています[6]。

この時点で，私はこれらの洞察を患者と共有するようになりました。鍵となるメッセージ以下の3つです。

1．人は良い感覚を学習できる（訓練の過程としてのセネカ〈Seneca〉のウェルビーイングの概念）が，それにはホームワークを行う必要がある。
2．ある領域において改善があれば，どんなに小さな改善であっても，他の特別な訓練を行うことなく，それが他の領域の改善につながる。
3．認知的であろうと行動的であろうと，異なる方略で，同様の結果

が生まれることがある。したがって，異なる領域，異なるやり方でやってみることが重要である。

この最後の点については，心理療法の領域で開発されてきた他のアプローチと WBT に類似点があったとしても，それは驚くべきことではありません。

WBT より前に開発されたアプローチである対人関係療法[7]では，社会的な調節の改善に焦点が当てられています。これは WBT の積極的な他者関係と重複する部分がありますが，対人関係療法にはホームワークがない点が異なります。逆に WBT は，最近起こった喪失を扱うことには向いていません（喪失の初期にウェルビーイングを強調することは逆効果です）。

マクレオド（MacLeod）とルゾン（Luzon）[8]によって最近概観された他の技法とも重複するところがあります。

1. 行動活性化[9]では，人は喜びや達成感をもたらす可能性のある状況を回避することを想定している。
2. マインドフルネスベースの CBT [10]では，仏教の哲学が基礎になっている。ウェルビーイングの要素はあるが，特別な焦点を当てているわけではない。
3. ACT は，マインドフルネスとアクセプタンスの方略を使って柔軟性の改善を目標とする行動変容理論の統合である[12]。WBT の自己受容と重複する部分はある。しかしながら，ACT では，思考を変えるための試みは逆効果であり，代わりにマインドフルネスを通して気づきと受容を促す。アプローチは WBT の正反対である。ACT の特徴も CBT との比較を通して検討されている[13]。

他にもパデスキー（Padesky）やムーニー（Mooney）の強みを促進

表1：セッション7の目標

1. 患者の全体的な状態と，セラピーの終結が近いことについての感情をチェックする。
2. ウェルビーイング日記の概観と最適経験の追及。
3. 認知再構成と自然な状況下（in vivo）での自動思考の概観。
4. 心理学的ウェルビーイングを改善する方略を強化する。
5. ホームワークを続ける（ウェルビーイング日記，曝露，活動スケジュール）。
6. セラピー終了後のワーク（自己療法）の継続を強化する。

するためのCBTに関する妥当性の検証が進められています[14]。

しかしながら，技法が重複しているとしても，WBTの焦点（心理学的ウェルビーイングの自己観察）は，他の苦悩に焦点を当てた技法とは完全に異なります。

WBTの特徴は，特に最終セッションにおいて，1つの側面（例えば自己受容）に限らずに統合に焦点を当てることです。これはヨホダの包括的な枠組みに基づいています[3]。WBTの焦点は個人に合わせたものになり，患者それぞれのプロフィールによって決まります。CBTの技法はこの目的のために選択的に使用されます。

このセッションの最後に，患者はワークを行ったことを賞賛され，日記を継続し，1カ月後に再来するよう求められます。

第7セッションの主な目的は表1にまとめられています。

第12章

セッション8

　このセッションが，この心理療法の最後のセッションになります。したがって，患者の臨床的な状況を振り返り，治療を求めるに至った問題との関係を示すことが重要です。単に振り返ることだけが重要なのではなく，治療が患者の臨床的状態にどのように影響したのかを話し合うための絶好の機会になります。

　多くの患者は，自身の進歩を全体的に述べることに終始してしまいます（「私は良い感じです」や「うまく対処できています」）。この場合，治療者は患者にこのような全体的な記述に関する具体例を挙げるよう尋ねる必要があります。これは，ウェルビーイング日記を活用すると，うまくいくかもしれません。治療者はまた，日記に何かしら書き込むかもしれません。これは患者がときどき確認することになるでしょう。記述の例としては，ストレスが起こったときにそれを低減させる方法であるかもしれませんし，不安や緊張を減少させるものかもしれません。あるいは，苦悩に直面したときの反応の仕方に関係することかもしれませんし，人生の質を改善することかもしれません。CID [1]，PWB [2]，SQ [3] などの評価尺度が使用されているならば，これらを再び実施し，変化をチェックすることが有益でしょう。別の評定方法として，第5章で紹介した「ウェルビーイングチェック」が，WBTの中で患者が最初に回答

したときから得点が改善しているかどうかを見ることに有用かもしれません。これらすべての材料は，WBTが進んだ感覚を強めることでしょう。また，患者が向精神薬を使用している場合は，向精神薬との関連を話し合う時でもあります。この話題に関しては，本書の第3部に疾患ごとに記述されています。もし，薬物療法を減薬あるいは中止する場合は，もう一度自己療法がいかに大切かを強調します。「高血圧や高コレステロールの患者が，食生活や身体活動によって体重を減少できた場合に減薬する，あるいは投薬を中止するのと同じように，あなたの努力によって心理学的な機能がより良い方向に進んだら，薬物療法を減量したり中断したりできます」。

　もし，患者がある程度改善しているのであれば，再発に対する心配をケアすることが重要になります。この心配は，治療の終結によって悪化するかもしれませんが，その場合には，患者の状態をモニターすることで安心感を与えます（セッションの初期の状態を振り返ります）。私は，再発が生じることを，楽観的に「大丈夫ですよ」などと言って否定することはしません。「再発は起こるかもしれません。しかし私たちはその可能性を減らしました。物事は必ずしも最初からうまくいくものではありません。もし再発したとしても，私たちは適切な治療を提供できるし，何がどううまくいかなかったのか，一緒に検討することができます。私たちには，いつも，少なくとも2回目のチャンスはあります」。

　別の重要な問題として，セッション数の柔軟性があります。8セッション未満しか必要のない患者は存在します。反対に，追加セッションを必要とする患者もいます（12セッションまたはそれ以上）。私は「ブースター」セッションはいつでも利用可能であることを明確にしています。「今日が予定していた最後のセッションです。つまり，計画では，今日が最後ということです。しかし，今日が私たちの最後のセッションであることを意味しているわけではありません。例えば，もし，2ヵ月後に面接を予約したとしても，特に問題は起こらないかもしれませんし，そ

の２週間後には，何か私と話し合いたいことがでてくるかもしれません。最も大切なことは，あなたが必要になったときには，いつでも電話をしてきてほしいということです。私は自己療法によってあなたにどんな進展があったのかを知りたいです」。

私の実践では，ときどき，電話での簡易なやり取りを必要とする患者がいます。また，困難な状況に対して，ウェルビーイングをどのように用いるかを復習する必要のある患者もいます。さらには，患者が体験した何かとてもポジティブな出来事を私と共有したいという例もあります（これは私にとっては大きな報酬となる出来事です）。最後に，１年間連絡がなく１年後のフォローアップ評価の日を迎える患者もいます。１年後のフォローアップはぜひ行いたいものです。できれば２年後のフォローアップも行いたいと私は考えています。

私は，これまでWBTが生み出す患者のウェルビーイングの感覚や臨床的状況を改善するのはどんな時であるのか考えてきました。これらの改善は，治療者と患者の両方にとって満足できるものでしょう。第４章で説明したように，たとえ良い反応があったとしても，特に慢性的で複雑な状況である場合には，必ずしもそれだけで十分とはいえず，患者と一緒に別の方法や計画を話し合うことがあります。しかし，患者が改善を見せなかったり，あるいはより悪化してしまう可能性があることを常に考慮しておく必要があります。ロバート・ケルナー（Robert Kellner）は，治療後の変化を評定できるとてもシンプルな他者評定尺度を考案しています（表１）[4]

どのようなタイプの治療であっても，３分の２以上の患者にとって有益であるということはありません（第４章参照）。WBTもまた例外ではありません。ドロップアウトは，どのタイプの心理療法でも大きな問題であり，WBTにも起こることが明らかになっています。他の欠点としては，WBTのホームワークに対するコンプライアンス（遵守）の失敗があります（例えば，十分なやり方で日記をつけていない）。しかし，

表1：ケルナーの治療後の変化尺度（文献4より）

とても悪くなった		悪くなった		かわらない		よくなった		とてもよくなった
9	8	7	6	5	4	3	2	1

　例えコンプライアンスが守られていたとしても，患者（や治療者）は失望することもあります。「私は，これまでたくさんの薬物治療や心理療法を受けてきましたが，この新しいアプローチに本当に期待していました。しかし，何も変わらず，私の状況からは希望が失われてしまいました」。治療が期待通りにいかなかったときに状況がさらに悪化してしまうことは珍しいことではありません。もしくは，治療がいくつかのネガティブな反応を患者に引き起こしてしまうきっかけになることさえあります（第2章参照）。これらのケースで常に重要であるのは，いつも効果が得られる治療法は存在せず，それどころか，治療を受けることで悪化するケースもあることを患者と共有しておくことです。しかし，治療が失敗したとしても，他の治療者や治療法では成功することがあります。症状評価を治療と独立して行っていた臨床家にリファーすることは考慮されるべきことであるでしょう。

　マリー・ヨホダ（Marie Jahoda）[5]は，精神疾患者の心理学的な治療は，概念的なフォーミュレーションの探索によって進められることを観察しました。このフォーミュレーションは，「一見奇異で一貫性なく表出されるパーソナリティを統合的に理解する統一原理」として働きます（文献5のp36）。心理療法の学派では，しばしばこのような統一した視点を持ち，患者の問題を全体的に解決する必要があることが主張されます。WBTでは，苦悩の代わりにウェルビーイングをモニターすることで，ある患者に対して役立つ枠組みを提供できるかもしれないし，また他の患者にとってはほとんど改善の役に立たないどころか，かえって害にな

表2：セッション8の目標

1. セラピーの終結についての患者の気持ちをチェックする。
2. ウェルビーイング日記を概観する。
3. ウェルビーイングの様々な領域における改善と，苦悩の程度を示す。
4. WBTの自己療法の妨害となる困難について話し合う。
5. 終了後のワーク（自己療法）を継続することの重要性を強調する。
6. 必要なときにはいつでも「ブースター」セッションを利用できることを確認する。フォローアップの準備をする。
7. 患者の治療の歴史の中でのWBTの経験を位置づける。場合によっては他の治療への展開も含める。

ることもあるかもしれません。

　立ち戻って，好ましくポジティブな結果が出ている場合には，患者はこれまで行ってきたワークのことを称えられて，将来の「ブースター」セッションの利用可能性をリマインドされます。

　第8セッションの主な目的を表2にまとめます。

第13章

4セッション版プログラム

　WBTに関する臨床統制研究の多くでは，WBTはCBTの実施後に行われています（第3章参照）。この方略を導く基本原理は，まずは急を要する苦悩に焦点を当てた後に，ウェルビーイングを扱うというものです。WBTでは，患者がすでに慣れ親しんでいる自己観察（日記）を扱い，自動思考をモニターし，自動思考に反論するための様々な方略を用います（観察者の解釈）。

　治療者はこのとき，以下のような導入を行います。「これまで，あなたは，あなたが苦痛に悩まされているときに，自分でより良い気分になれるような技法を学んだり実践したりしてきました。私たちはあなたの問題や困難に焦点を当ててきました。さて，今から私たちのターゲットを変えます。私たちは，あなたのウェルビーイングに集中し，これを増やしていきます」。

　この導入は，必要に応じて修正できますが，基本的なメッセージは残すようにします。そのメッセージとは，「これから私たちはギアを変える」ということです。

　セッションの流れは以下の通りです。

表1：セッション1の目標
1. 患者の全体的な状態をチェックする。
2. 患者のCBT方略の理解と応用についての習熟度をチェックする。
3. 治療の焦点が変わったことを伝える（苦悩からウェルビーイングへ）。
4. WBTの構造と様式についての情報を提供する。セッション数や期待されるホームワークについても伝える。
5. 日記をつける（ウェルビーイング日記）。日記には，ウェルビーイングの具体例，即座にウェルビーイングを中断させる認知や行動，観察者の解釈をモニターすることが含まれる。

セッション1

　治療者は患者の全体的な状態をチェックし，またCBTの技法の習得レベルをチェックします。ホームワークを行うことを妨げる大きな困難がないことを確認することは重要です。もし，治療者が，患者のCBTの技法の習得レベルが不十分であると判断したら，WBTに移行することは延期した方がよいでしょう。まず2～4回の追加セッションを行う方が，十分にできていないままに新しい方略を始めるよりもはるかに生産的です。

　もし患者がCBTの技法を十分に身につけているならば，治療者は，上で示したような導入を行いWBTに切り替えます。

　患者は，以前行っていたのと同様の日記をつけるよう求められます。しかしながら，患者はウェルビーイングの状況，即座にウェルビーイングを中断させる自動思考，その状況への観察者の解釈を記録するよう求められます。8セッションプログラムのセッション1～4（第5章～第8章）で行うことは，このセッションの最初から提供されます。

　患者はCBTのときに行ったのと同じように，日記をつけるよう求められ，2週間後に再来するよう求められます。

　セッション1の目標は，表1にまとめられています。

表2：セッション2の目標
1．患者の全体的な状態をチェックする。
2．自動思考，行動的な回避，観察者の解釈について記載されたウェルビーイング日記を概観する。
3．最適経験の概念を紹介する。
4．ウェルビーイング日記の記載内容に沿って1～2個のウェルビーイングの心理学的側面を紹介する。
5．ホームワークを継続する（ウェルビーイング日記，奨励される活動と活動スケジュール）。

セッション2

　このセッションの焦点は，患者がウェルビーイングのエピソードに気づき，何がウェルビーイングを即座に中断するのかを理解することです。患者は，自動思考は苦悩を引き起こすのみならず人生のポジティブな瞬間を台無しにしてしまうことを理解します。

　患者は日記を通して集めたデータを提出しますが，ここでこれがウェルビーイング日記と定義されます。患者が集めたデータを検討することで，最適経験や，最適経験をどのように追い求めればよいのかを紹介することにつながるかもしれません。さらに，回避行動の役割が強調されます。もし患者のウェルビーイング日記の内容に該当するものが見つかれば，ヨホダ（Jahoda）[1]によって開発され，リフ（Ryff）[2]が精緻化した心理学的な側面の中から，1つか2つを紹介します。

　治療者は患者の日記にコメントを書きます。患者が行ってきたワークは褒められ，日記を継続し，2週間後に再来するよう求められます。

　セッション2の目標は表2にまとめられています。

表3：セッション3の目標

1. 患者の全体的な状況を確認し，ウェルビーイングを継続することがよくできるようになっていることに着目する。
2. 自動思考，行動的な回避，観察者の解釈を記載したウェルビーイング日記を概観する。
3. 最適経験の探求を促す。
4. 認知再構成とウェルビーイングを改善する行動的な方略を概観する。
5. ウェルビーイング日記の記載に沿った心理学的ウェルビーイングの側面の調節。
6. ホームワークを継続（ウェルビーイング日記，曝露，行動スケジュール）する。
7. セラピーの終結について患者の気持ちを確認する。

セッション3

このセッションでは，治療者はさらに積極的に別の認知的方略あるいは行動的方略を指摘していきます。例として，患者が仕事で上司から褒められたときのウェルビーイングの感覚として，「上司は全員を褒めている」または「上司は私に今日は夜遅くまで残業してほしいと思っているだけだ」という思考によってウェルビーイングの感覚が中断されることが挙げられます。治療者はCBTの技法がどのようにこの状況に当てはめられるか示します。そして，ウェルビーイングの心理学的な側面をさらに深めます。これは事前に決めた順序で各側面を紹介するのではなく，常に患者が提出したウェルビーイング日記の記載内容に沿って行われます（第5章～第7章参照）。治療者は，人生の状況と離れて極端に高かったり低かったりするレベルのものにならないように，患者がこれらの側面を調節することを援助します。

患者は，行ったワークを褒められ，ホームワークを継続し，2週間後に再来するよう求められます。

セッション3の目標は表3にまとめられています。

表4：セッション4の目標
1．セラピーの終結についての患者の気持ちを確認する。
2．ウェルビーイング日記を概観し，ウェルビーイングの様々な領域で起こった改善と，苦悩の程度を強調する。
3．WBTの自己療法の継続を妨げる困難について話し合う。
4．認知再構成によって心理学的ウェルビーイングの側面を調整する。
5．「ブースター」セッションを利用できることを確認する。フォローアップをアレンジする。

セッション4

　これが，先に実施した4～8セッションのCBTを含めて心理療法の最後のセッションです。第12章で述べたように，患者の臨床的状態と得られた進歩を概観することが重要です。

　セッションの後に継続される自己療法の重要性が強調されます。CBTの実施中と同様に，柔軟に治療を行うことが重要です（ある患者は通常のWBTにかかるよりも長い期間を必要とするかもしれません）。「ブースター」セッションがいつでも利用可能であることを明確にしておくこともまた重要です（第12章参照）。

　治療者は日記を概観して，患者から報告された認知や行動に関して別の提案があるならば提供します。心理学的側面の調整は，患者が提出したウェルビーイング日記の記載内容をもとに行われます。

　セッション4の主な目的は表4にまとめられています。

第3部　適用例

第 14 章

抑うつ

　大うつ病性障害は，一般人口において有病率の高い疾患です。うつ病を経験しているおおよそ10人中8人が生涯において1つ以上のエピソードを経験します。つまり，反復性うつ病性障害です[1]。患者の中には，エピソードとエピソードの間に何年も症状がなく，正常に機能している期間がある人もいれば，エピソードが徐々に頻回になる人もいます。精神科やプライマリーケアの場においては後者のほうが多く見られます[1,2]。

　完全な回復ではなくエピソード間の部分寛解が常であり，残遺障害が起こります[2]。少なくとも3人のうち1人の患者は1年以内に高い割合で再発します。再発に関連する2つの主要な危険因子は，閾値下あるいは潜在性の症状の残存と，大うつエピソードの数のようです[2]。その結果，ほとんどの人にとって，うつは複数回再発を繰り返す，生涯にわたる慢性疾患となります[1]。

　抗うつ薬は，うつの治療法や最善の再発予防方法として支持されています。しかし，抗うつ薬が偽薬よりも効果があるのは，うつがある程度の重症度（大うつ病性障害）に達したとき[3]，特に，例えば拒食，体重減少，中途・早朝覚醒，精神運動性障害などの症状があるときに限定されます[4]。抗うつ薬は，軽度のうつにおいては偽薬よりも効果的というわけではなく，悲しみや意気喪失は，その作用の影響を受けません[4]。

もし，恋人が去っていったことによって悲しいのであれば，抗うつ薬を飲むという「考え」によって救われるかもしれません。しかし，「薬理作用」によって救われるということはほとんどないのです。しかしながら，90年代初頭から，伝統的な抗うつ薬（三環系抗うつ薬）よりもずっと良い抗うつ薬が利用可能となったことから，大うつ病性障害の重症度の閾値に達していない程度の気分障害においても抗うつ薬がよく用いられるようになりました。抗うつ薬による治療の期間も，再発を予防するためにできるだけ長く延長されるようになりました。主要な研究論文，シンポジウム，臨床ガイドラインは，より多く，より長く処方するよう臨床家を後押ししています。

しかし，物事はそのようなプロパガンダのように単純ではありません。長期間の治療とともに抗うつ薬の効果は低下するかもしれないし，逆説的な効果や抵抗を誘発するかもしれません[4]。さらには，薬が効きすぎるかもしれません。躁や軽躁，あるいは過活動を誘発する可能性があり，特に若年患者においてさらに問題を複雑にします。

これが第1章で述べたような，急性のうつエピソードの治療において薬物療法を行った後，徐々に減薬し，抗うつ薬を中止する残遺フェイズにおいて（WBTを含めた）心理療法を行うといった，うつの段階的な治療の考え方が発展した経緯です。この章では，このアプローチの実践について説明します。

急性エピソードの評価と治療

ここ数十年間，臨床医学は特定の利益団体の影響を受けるようになりました。企業の利益は学術的な医学領域と融合して，臨床研究の客観的報告に反し，不健康な同盟関係を作ってきました[8]。そこでは，参加者をスポンサーに売るという特定の目的のために会合やシンポジウムを設定する，豊富な（多くの）専門家を学術誌や医学会，非営利研究団体の

表1：大うつ病性障害の発展段階

1. 前駆段階
   a. 軽度の機能の変化，低下は見られるが，抑うつ症状（全般的な不安，過敏性，興味・喜びの喪失，睡眠障害）は存在しない．
   b. 気分症状（悲しい気分，亜症候群性うつ病）
2. 抑うつエピソード
3. 残遺段階
   a. 抑うつ症状（睡眠障害，全般的な不安，過敏性，拒食，リビドーの障害）
   b. 気分症状（抑うつ気分，罪悪感，絶望感）
   c. 気分変調
4. a. 反復性うつ病
   b. 二重うつ病
5. 慢性的抑うつエピソード（継続的に２年以上）

主要なポストに入れる，部外者を拒否・拒絶・却下する適当な基準を提供するといったことがなされてきました．

　大規模な宣伝が，DSMによるいずれの診断も処方行為に変換されるべきという，いかなる推論にも勝る強固な自動思考を作り出してきました．その結果，大うつ病性障害が重度に達すると抗うつ薬が処方され，それをしなかった医師は犯罪者となります．私も犯罪者かもしれませんが，私はこの自動思考を臨床的推論でふるいにかけています．

　はじめに，DSMによる診断のための面接で提供された情報を気分障害の発展についての長期的な観点から補完することが重要です（表1）。20年前，ロバート・ケルナー（Robert Kellner）と私は精神医学的診断におけるステージングの概念を紹介し[10]，臨床的利便性についてのエビデンスが重ねられています．患者が，疾患の発展においてどこに位置しているのかを知ることが重要です．

　薬物療法も，CBTや対人関係療法などのある種の心理療法のどちらも，平均的なうつ病のケースにおいて効果的です[12]．

　抗うつ薬は特定の臨床場面において多くのメリットがあります．

表２：単極性うつ病における治療抵抗レベルの段階

ステージ０：抗うつ薬による治療に反応し損ねたことはない
ステージ１：少なくとも一度抗うつ薬による適切な治療に失敗している
ステージ２：少なくとも二度抗うつ薬による適切な治療に失敗している
ステージ３：三度以上抗うつ薬による適切な治療に失敗している
ステージ４：三度以上，少なくとも一度は心理療法の追加／併用に関係するものを含む適切な治療に失敗している

- 容易に利用できる。
- 専門的なトレーニングを受けていない，精神科医以外の医師であっても処方できる。
- 数週間で効果が出る。
- プラセボと比較した抗うつ薬の利益の大きさは，抑うつ症状の重症度とともに上がる[3]。そのため抗うつ薬は重度の，あるいはメランコリー型うつ病に対して選択される治療となる。

抗うつ薬にはデメリットもあります。

- 副作用がある。
- 医学的症状との相互作用がある可能性がある。
- もし過去に薬物治療を試みたがうまくいかなかったということがあれば（表2），再び抗うつ薬を使用することが問題を引き起こすかもしれない。臨床的に見ると，以前の治療の試み（ステージ０）に対して肯定的な反応を示した患者と，様々な適切な治療に反応しなかった患者（ステージ3）に抗うつ薬を使うことは大きく異なる。前者のケースでは，患者は以前効果があったのと同じ治療に反応する傾向があるが，後者の場合では，試行を重ねるほど新しい薬物治療に対する抵抗と不耐性を示すということが明確に示されている[4]。

エビデンスに基づく心理療法（特に CBT と対人関係療法）は，急性エピソードの治療において，いくつかのメリットがあります[12]。

- 特に内科的疾患がある場合，副作用が少ない。
- 抵抗の現象を誘発しないと思われる。
- 長期的な予後が良いかもしれない。

デメリットもあります[12]。

- 患者の心理療法への動機づけが必要である。
- 有能な心理療法士がいないかもしれない。
- 薬物療法に比べて，寛解が遅い傾向がある。

（薬物療法と心理療法の）併用治療は，それぞれの治療を平均的なうつ病のケースにおいて単独で実施するのと比較してわずかに利点をもたらしますが，両者のアプローチのデメリットも併せ持つことになります。
　もしうつが重症であれば，私は抗うつ薬を処方したいと思います。もし症状が軽度，あるいは中程度の強度で，変動しているようであれば，私は処方を延期して，2，3 週後に再診します。もし症状がある程度改善していれば，抗うつ薬による治療の必要性は低いし，症状が持続している（あるいは悪化している）場合には，抗うつ薬の使用はより正当であり，やってみる価値があると思われます。様々な種類の抗うつ薬は，平均的なうつのケースにおける有効性は実際には同程度であるかもしれません[13]。しかしながら，こうした仮定は，これまで抗うつ薬による治療を受けたことがない患者の，最初の抑うつエピソードにしか適用できないかもしれません。この場合ですら，よく考えておかなければならない重要な問題があります。三環系抗うつ薬は，副作用は強いですが，第二世代の抗うつ薬よりもメランコリー型うつ病に効果的である可能性

があります[14]）。

　しかし，もし患者がすでに抗うつ薬による治療を受けているとしたら，患者が薬に反応したかどうか，そして扱いにくい反応を示したかどうかといった患者の治療歴を考慮に入れた選択をすべきです。エレナ・トンバ（Elena Tomba）[15]）は，研究の対象者が，治療歴に関係なく臨床試験にリクルートされることが多く，その多くが（臨床試験で有効性が検証される治療法には）「ハマらない患者（nowehere patients）」になることを観察しています。

　抗うつ薬に反応する時間は様々ですが，3カ月というのが患者を査定するのに妥当な期間と思われます。これが，段階的な戦略が始まるときです。

第二段階の治療

　段階的な治療を受ける前に，患者は抗うつ薬による治療に十分な反応を示している必要があります。彼らは，少なくとも3カ月以上薬物療法を受け，抑うつ気分を呈しないようになっている必要があります。しかし，薬物療法や臨床マネジメントの間に治療の後続する部分を紹介することが重要です。

　先行研究[16]）においてなされた有益な例は以下の通りでした。

　「最初にあなたに会ったとき，あなたはとても落ち込んでいました。道から外れていました。私はあなたに，あなたが道に戻ってくるために抗うつ薬を与えました。今はずっと良くなりました。しかし，もし今まで通りの運転をし続けたら，いずれまた道から外れてしまうでしょう」。

　この例は，ライフスタイルを修正することに対する必要性を概説し，うつ病に対するコントロール感を紹介しています。この心理的準備が後続する心理療法的アプローチを進行しやすくします。

　心理療法的介入は隔週の各30～45分，10セッション以上にわたっ

て実施されます。最初のセッションは，主に治療者によるアセスメントを行い，正式な治療の開始の前に，例を挙げて心理療法の紹介をします。セッション2から6では，残遺症状やライフスタイルの変容について，認知行動的治療を行います。最後の4セッションは，ウェルビーイング療法を含んでいます。しかし，この様式は，患者の特徴や治療歴によって柔軟に変更されます。

セッション1

送られてきた患者を新患であるかのように再評価することが非常に重要です。これは，最近の症状を注意深く調べるということを意味しています。この探究は，大うつ病性障害の診断を特徴づける症状に関してだけでなく，恐怖症や強迫性症を含む不安症や過敏さを特徴づける症状に関しても行うべきです。先行研究[16, 17]では，ペイケル（Paykel）の抑うつの臨床面接（Clinical Interview for Depression：CID）[18]の修正版を使用していますが，他の半構造化面接も，不安や過敏性に関して十分に評価できるものであれば，使用してもよいでしょう。これは，抗うつ薬に反応した患者の80〜90%に見られると予想される残存する数多の症状に気づく最初のステップとなります。次のステップは，患者の自己観察を扱います。患者は，2週間の間に起こるすべての苦痛なエピソードについて日記につけて報告するよう教示されます（表3）。特定された苦痛が長く持続するとは限らず，短く終わることもあるということを強調することが大切です。また，患者は，苦痛を引き起こす，あるいは回避を誘発しやすい状況のリストを作るようにも教示されます。各状況は0-100点（0＝問題なし，100＝パニック，耐えられないような苦痛）で評価されます。患者は，次の受診時に日記を持ってくるように教示されます。

マイクのケースを考えてみましょう。

彼は，書記官として働いている44歳の男性で，最近大うつ病性障

表3：アセスメント日記の例

状況	苦痛（0-100）	考え
テレビを見ているときに，電話が鳴った。	40	何かが起こったに違いない。

害を発病しました。彼は1年前と3年前の2度のエピソードがあり，それぞれ4カ月間，プライマリケア医によってフルボキサミン（1日100mg）を用いて治療を行いました。今回もこの医師がフルボキサミンを再度処方しましたが，彼は，他の治療法（心理療法？）が妥当なのではないかと考えました。注意深いアセスメントによって，各エピソード後に部分寛解にまでしか達していないことが明らかにされました。私は，フルボキサミンの処方の正しさは確認しましたが，患者と医師に，3カ月で投薬の役目が終わったら心理療法的なアプローチが必要であることを伝えました。

セッション2〜6

患者のアセスメントと，患者の持ってきた日記を読んだ後，認知行動的方略がまとめられます。これには，曝露や認知再構成が含まれるでしょう。曝露はホームワークのみで構成されます。曝露方略は，日記に概説された状況のリストに基づいて，患者とともに計画されます。

セラピストは，段階的曝露の方法論にしたがって[19]，日記に1日1つホームワークを書き込みます。患者は，0から100で各ホームワークを評価します。次の受診の際，セラピストは患者が行ったホームワークを再評価し，次のステップについて，ホームワークをしてこなかった場合にはコンプライアンスの問題について話し合います。

認知再構成はベック（Beck）ら[20]にしたがい，自動思考（セッション2）や観察者の解釈（セッション3など）の概念の紹介に基づいて，

マクロ分析（第4章参照）を用いて行われます。後者はどこから治療を始めるべきかに基づいて，症候群（うつ病患者の大部分が，1つではなく複数のDSM障害に該当する[7]）と問題の関係を確立します。

認知再構成の対象となる問題は，患者が提供した素材（日記等の記載内容）に基づくものとします。不眠（睡眠衛生指導が追加される），過眠，エネルギーや集中力の低下，残遺する希望のなさ，社会復帰の問題（仕事上の機能低下，回避，延期），主張やセルフケアの欠如，完全主義や非現実的な自己への期待を含むでしょう。

マイクのケースで明らかになったのは，小さな町の書記としての彼のポジションでは珍しいと思われることですが，彼の仕事の負荷が，彼のできる範囲を超えているという事実でした。市長は彼を信用しており，彼の職務内容には関連しない分野においても彼がやってくれるとあてにしていました。また，彼の同僚も，頻繁に彼に手助けをお願いし，彼は嫌だと言えませんでした。マイクは，自分にとってこれは良くないけれど，どうすることもできないと思っていました。CBTを通して，彼は同僚に対してノーと言うこと（主張訓練）と一貫してこの態度をとることを学んだ後に，他者からの非難と彼が認識することに関連する苦痛が深刻になりました。認知再構成は苦痛を軽減しますが，ある程度までしか軽減しないのです。

セッション7〜10

第7セッションでは，WBTが第13章で述べた様式で紹介されます。治療のねらいの1つは，患者にアロスタティック負荷（例えば，ある程度の時間をかけて個人に有害な影響を及ぼすような，慢性的でしばしば微妙なライフストレス）に気づいてもらうことです。例としては，過度の仕事量，加齢とともに過酷な日々から回復するのに長い時間がかかることに無自覚であること，個人の可能な範囲を超えた要求から自分を守ることができないこと，不適切な睡眠習慣などがあります[21]。アロス

表4：アロスタティック過負荷を特定するために調べられるべき領域

最近のライフイベント	過去1年間に，以下のいずれかがあなたに起こりましたか？：家族や親しい友人の死，離別，転職，引越し，経済的困難，法的問題，新しい恋愛関係の始まり
慢性的なストレス	仕事でプレッシャーを感じていますか？　同僚とうまくやれていますか？　配偶者／パートナー，あるいは他の家族とうまくやれていますか？　家にいるときに緊張感がありますか？　この1年間に重病を患った近親者がいますか？　嫌がらせをうけましたか？
環境制御	毎日の生活での要求に圧倒されているとしばしば感じますか？　自分にはできないとしばしば感じますか？
睡眠	眠りにおちるのに長い時間がかかりますか？　睡眠は不安定ですか？　とても早く目が覚めてもう一度眠ることができないですか？
身体化	疲労感やエネルギーのなさを感じますか？　めまいはありますか？　息苦しさはありますか？　胃腸の痛みはありますか？　その他の身体症状はありますか？
心理的苦痛	イライラすると感じますか？　悲しみや抑うつ感は感じますか？　緊張するあるいはさせられる感じはありますか？

タティック過負荷の概念[21]は，外的な要求が個人の対処能力を超えることを示しています（表4）。

このような気づき（と結果として得られる生活習慣の実現）は，心理療法，特にウェルビーイング療法のすべての段階で追求されます。患者はこの実施に関して日記で指示をされます。

WBTによってマイクは，いかに自分の自主性のなさが，同僚が彼を利用することにつながっているかに気づきました。これが，その多様な性質によって，かなりのストレスとなり，労働時間を増加させる作業負荷となっていました。患者は，自己受容の低さゆえにこの状況を受け入れていました。彼は，これが自分らしさなのだと言っていましたが，同時に，彼は自分自身に不満を持ち，慢性的にイライラしていました。表

表5: マイクのウェルビーイング日記

状況	ウェルビーイングの感覚	妨げになる思考／行動	観察者の解釈
ジョージは仕事をまだ終わらせておらず，市長がそれを僕にやるように言ってきた。でも僕は自分には手に負えないと言うことができる。	いずれ僕は定時に家に帰ることができて，家族と楽しめる。	市長はとてもがっかりするし，その仕事はとても重要かもしれない。僕は自己中心的だった。	もしジョージが彼の仕事をしなかったのなら，それは僕の責任ではない。市長は彼を働かせて責任に向き合わせるべきだ。

5に見られるように，WBTは彼の，他者に非難されることに対する忍耐力を向上させました。

最後のセッションでは，マイクは次のような発言ができるようになりました。「今では僕の同僚は僕が変わったと，嫌なやつになったというだろうね。ある意味では申し訳なく思うよ。だって僕はいつも人の役に立つように，親切にするようにしてきたんだから。でも一方で僕は嬉しいとも思っているんだ。だってそれって人生ではじめて，自分を守ることができてるってことだから」。

フルボキサミンは心理療法中に減薬され，断薬されました。患者は10年後のフォローアップで，薬を飲まなくても再発していませんでした。

この臨床像は，いかに患者の日記で確認された最初のウェルビーイング（他者の役に立つこと）が圧倒的な苦痛を引き起こしていたかを示しています。その評価や結果として生じる行動の変化は，はじめは苦痛を増加させますが，のちにライフスタイルの修正をもたらし，それゆえ持続的な寛解をもたらしたのです[22]。

減薬と断薬

　再発を防止するかもしれないという仮定に基づいて，長期間薬物療法を長引かせる傾向があります。こうした見方に異論を唱えるエビデンスが RCT のメタ分析[23,24]と，自然的観察研究[25,26]の両方から出てきています。後者の研究では，抗うつ薬を早期中止した人は，薬物療法を続けた人よりも予後が良好でした。さらに厄介な問題は，はじめに薬に反応した患者における臨床効果の喪失が頻繁におこるということです[4]。最後に，長期間の抗うつ薬治療のマイナス面は，抗うつ薬の副作用に関係します。特に SSRI により生じるもの[27]，例えば，性機能不全，（特に胃腸の）出血，（体重減少の後の）体重増加，骨折や骨粗しょう症のリスク，低ナトリウム血症[27]などです。（本章で述べた）段階的な治療は，抗うつ薬の減薬と断薬の優れた機会を提供します。段階的治療は，実は治療の最もデリケートな側面の１つにおいて，患者をモニターする機会を提供します。先行研究[16,17]では，抗うつ薬は三環系抗うつ薬が主であり，アミトリプチリン 25mg か同等の率で隔週毎減らしていきました。SSRI が含まれるときには，よりゆるやかに減薬した方がよいでしょう。

　三環系抗うつ薬の場合は，患者に，この減薬において「ステップ」（ある患者がそう言いました）を認識する必要はないことを注意することが重要です。すなわち，患者は，１日にアミトリプチリン 200mg から 175mg になったときに，睡眠，活力，気分，食欲における本当の違いを認識する必要はありません。もし認識した場合には，抗うつ薬の減薬の適切性に疑念を持たれるでしょう。実際，先ほどの研究では，ほとんどの患者において断薬を行うことができませんでした。

　「ステップ」は SSRI，ベンラファキシンおよびディロキセチン[4]においては非常によくあることです。これは，マーケティングに影響を与える可能性のある SSRI，ベンラファキシンおよびディロキセチンへの依存可能性を示す兆候を避ける目的で，「抗うつ薬中断症候群」として

偽装されてきた離脱反応です。これらの離脱症候群は，減薬中にも起こりうるもので，広範な身体症状（例えば頭痛，めまい，疲労，食欲減退，睡眠障害，感冒様症状）や，精神的苦痛（例えば，焦燥，不安，不快，混乱）[28, 29]といった特徴があります。これらの反応は，とりわけパロキセチンで顕著で，断薬後数カ月あるいは数年間持続する可能性があり，「持続性離脱後障害」と定義されています[28, 29]。

段階的治療の再発リスクに関する利点は，時間をかけた減薬を経て断薬ができたときに最大になりました[30]。段階的な形式は，（特にSSRIの場合，時間をかけて減薬しているにもかかわらず）離脱症候群が起こったときに，心理的に患者をサポートする理想的な機会を提供します。

患者は断薬を恐れることがあります。そのようなときには，薬物を使用していない状態が治療が一歩前に進むことであり，生活の質の向上に結び付く可能性があるということを強調することが役に立ちます。このように，これは前進のサインなのです。もし必要であれば抗うつ薬はまた処方されるかもしれないし，気分の悪化の前駆症状があらわれたとき，患者は常に利用可能であるという可能性を再度保証されるべきです。

段階的治療の効能

段階的アプローチは，うつ病の急性期における薬物治療の適用と残遺期の心理療法の適用から構成されます。段階的モデルには，2つの主要なパターンがあります。1つは残遺期における薬物治療の継続です。もう1つは，心理療法中に抗うつ薬を減薬，断薬するものです。後者のモデルは，ここで提示されるモデルであり，表6に要約されています。抗うつ薬が中断され，心理療法が終了したとき，患者を注意深く再評価し，残遺症状がまだ存在するかどうかを評価することが重要です。CID[18]はこの目的において非常に役に立つツールです。

このモデルにおいては，心理療法は，薬物治療の影響を受けなかった

表6：抑うつにおける段階的アプローチを実施するためのステップ

1. 抗うつ薬による薬物治療の開始3カ月後に，特に残遺症状に注目して，注意深く患者を評価
2. 認知再構成やホームワークでの曝露を含む，残遺症状に対する認知行動療法
3. できるかぎり緩やかなペースで抗うつ薬を減薬
4. 追加のウェルビーイング向上療法と生活習慣の調整
5. 抗うつ薬の断薬
6. 断薬1カ月後の，患者の注意深い評価

問題や症状のみを扱います。そのため，第二段階の心理療法は，初期段階で適用された心理療法よりも，より短く，より的を絞ったものにすることができます。それには，患者のモチベーションと，有能な治療者の利用可能性が必要となります。WBTを追加することは，ウェルビーイングの障害が縦断的研究でうつ病の強力な危険因子であることが示されており[31]，これは反復性うつ病の寛解状態の患者においても見られる[32]ことを示唆する研究によって支持されています。

ジェニー・グイディー（Jenny Guidi），エレナ・トンバと私[30]が行った最新の研究[33-37]を含むいくつかの研究のメタアナリシスによって実証されたように，どちらのタイプの治療（薬物治療継続と断薬）においても，段階的モデルは，コントロール群と比較して寛解の持続という点で長期的な利益をもたらします。これらの研究のうちの1つ[36]はWBTを用いています。

もし抗うつ薬の断薬後，心理療法でうまくやっていたとしても患者が再発したとしたら，どうでしょうか。大うつ病性障害の症状が本当に再現したのかそれとも患者が単に人生の困難な時期を経験しているのかを決定するのに多くの配慮が必要とされます。後者においては，心理療法のブースターセッションが適当でしょう。もし再発が起こっているとし

たら，抗うつ薬を再び投薬することが妥当です。一般的には，最初のエピソードにおいて寛解をもたらしたものと同じ薬剤を使用することが推奨されています[4]。段階的モデルの短縮版を再度実施することもできます。私はたいてい患者に「何がうまくいかなかったか，そしてなぜなのかを一緒に見てみる必要がありますね。私たちには，どうしたらよりうまくやれるかを学べる可能性がまだあるのです」と伝えます。しかしながら，患者の中には，抗うつ薬の断薬が単にうまくいかず，長期間の治療が必要となる患者もいます[4]。

以前効果的だった抗うつ薬がもう効かない可能性もあります。段階的モデルに関する私たちの研究の中で，そうしたことが生じることを記録しています[38,39]。比較的まれな出来事ではありましたが，薬物治療だけが実施された試験や自然観察研究においては約1/3の患者に起こるかもしれないのです[4]。私たちは，こうした事例においてどうしたらよいかわかりません。なぜなら（これは完全に，特定の利益団体による科学的な優先順位づけ，出版，助成金という意味での検閲の1例といえますが）これらの話題に関する研究はほとんどないからです。この場合，精神科医はしばしば薬剤を切り替えたり，新たな薬剤を加えたり，様々な組み合わせを試し始めます。数千人の患者を対象としたSTAR*D（Sequenced Treatment Alternatives to Relieve Depression）研究において[41]，この方略がうまくいかないことが記載されてはいますが，十分に強調されてはいません[40]。SSRIによる最初の治療に反応しなかった患者は，薬物の切り替え，増加，組合せを含む段階的なステップで治療を受けました[41]。再発率は治療のステップが進むごとに増加し，低寛解，再発の繰り返しおよび高い薬物抵抗性に特徴づけられるような難治状態となりました[41]。この試験は，はじめの治療に反応しない患者に関するものであり[42]，反応した患者を必ずしも代表するものではなかったのですが，その教えはとても印象的でした[40]。

私たちは，抗うつ薬によく反応し，その後減薬，断薬した抑うつ患者

の事例を報告しました[43]。3カ月後に抑うつが再発しましたが，今回は前回効果があったのと同様の薬物治療は効きませんでした。いくつか薬物を試した後，CBT と WBT の段階的な組み合わせが実施されました。彼女は改善し，その後もその改善を維持しました（12年後のフォローアップでも，再発はなく，向精神薬も使用していません）。興味深いことに，抗うつ薬の反耐性のメカニズムは視床下部－下垂体－副腎系（HPA 軸）[40]に関係すると思われることから，コルチゾールの生成に関する全般的な評価指標となる 24 時間の尿中コルチゾールも測定しました。CBT/WBT によって，HPA 軸は正常な水準になりました[43]。今後の研究によって，WBT が抑うつの治療抵抗性に役立つかどうかが明らかになるかもしれません。

　実際，さらに2つの興味深いオランダの事例が，ピーター・ムレンベック（Peter Meulenbeek）とリカ・クリストホス（Lieke Christenhusz）と Ernst Bohlmeijer（アーンスト・ボーメヤー）[44]によって報告されています。1つは，薬物治療でも CBT でも治療に難渋したが，WBT での治療に成功したうつ病患者を含んでいます。もう1つでは，DSM の気分変調症患者に WBT を適用し，寛解した事例です[44]。

抗うつ薬による長期治療中の臨床効果の減少

　先述の通り，抗うつ薬の断薬を目的とした段階的アプローチを用いたにもかかわらず，無期限に薬物投与を受ける必要がある患者もいます。うつ病患者の大半は，気分障害のための適切な心理療法を受ける本当の機会がありません。こうした患者が薬物療法をやめようとするとき，再発が起こるかもしれないし，もし彼らが依存を引き起こす SSRI，ベンラファキシンおよびディロキセチンを服用しているなら[28,29,40]，離脱症状が，残遺する抑うつの多様な症状に混ざってあらわれるかもしれません。したがって，そうした患者は薬物治療に戻ってこざるを得ないので

す。しかし，抗うつ薬をやめたことがない患者であっても，問題に直面するかもしれません。うつ病の長期治療における抗うつ薬の効果の減少は，治療の長さとともに増加するという問題です（1年で23％，2年で34％，3年で45％）[44]。

この問題は，一般に薬理学的観点で考えられています[40]。しかし，およそ40年前，ペイケルとタナー（Tanner）[46]によって，うつ病の再発にはしばしばライフイベントが先行すること，抗うつ薬による維持治療は再発にほとんど影響がないことが明らかにされました。多くの薬理学的方法が，抗うつ薬の効果の減少に取り組んできましたが，成功は限定的です[40]。抗うつ薬の服用中に再発した反復性うつ病の10名の患者が，用量増加群とCBTとWBTの連続的な併用群に無作為に割り付けられました[47]。用量増加群の5名中4名が大用量に反応しましたが，全員1年後のフォローアップまでにその用量でまた再発しました。CBT/WBT群の5名中4名が，心理療法に反応し，1名のみが再発しました。このデータは，WBTの適用によって，抗うつ薬による長期治療中の臨床効果の減少を中和できる可能性を示唆しています。WBTは，抗うつ薬に反応しない，あるいはしなくなりそうなときに，寛解を維持，回復する可能性があると考えられます。しかしこれは，小規模な予備的な研究であり，大規模な研究によって確証する必要があります。

うつ病の肯定的な見方

すべての潜在的なメリット・デメリットを合わせると，抗うつ薬の合理的な使用というのは，最重症で，持続性のあるうつ病の事例にのみ適用し，できるかぎり短期に使用を制限するということです。不幸なことに，その元となる推奨（急性エピソードの治療）をひきのばし，6〜9カ月にもわたって治療を延長してしまうと，抵抗性，エピソードの加速，逆説的効果といった現象を起こすことがあります[8]。

こう聞くと，憂うつに聞こえるかもしれませんが，心理療法の研究や段階的モデルの使用からの良いメッセージもあります。抑うつは完全に克服することができるのです。

　抑うつの苦痛を経験している患者が私に「私はまた以前の自分になれますか？」と尋ねることがよくあります。私はこう答えます。「私は，そうではないこと（以前のあなたにはならないこと）を望みます。あなたは以前よりももっと良くなるべきだし，経験から学ぶべきなのです」。

第15章

気分変調

　気分の変動は，一般集団においてごく普通に経験することのように思われます[1]。急速で，根拠のないようにみえる気分の変化は，最も深刻で，生活を損なう精神疾患の1つである双極性障害の潜在的な兆候であるとみなすことができます。元々は，重度の躁とうつの交替（"躁うつ病"）と考えられていましたが，ここ数十年では，その境界が広がっています。この種のアプローチには，有利な点と不利な点があります。主要な利点としては，ともすれば治療対象にならないかもしれない対象者に対して治療（主に薬物治療）を拡大できる点が挙げられます。不利な点は，幅広い行動を病的で，薬物治療が必要なものと捉えてしまうという点が挙げられます[2]。主に不適切な薬物使用につながる幼少期や青年期の双極性障害の診断の誤用に起こったことは，精神医学のイメージが信用されなくなってきた傾向を思い起こさせる悲しいものです。

　代わりとなるアプローチは，気分の安定は人間の存在の一部ではないことを考慮することです。たとえば私が朝ニュースで，イタリアで政府（なんでもよいのだが）が，何をしようとしているのかを聞いたとしたら，結果として嫌な気分が起こります。もし私が後にその政府のことを忘れたら，気分は改善します。私にとって最も良いのは，イタリアに政府がなくなったときと，きちんとした人が指名されることや自国にとって素

晴らしいことが成し遂げられることを愚かにも願うときです。この私の行動は普通でしょうか。そうでもありません。イタリアの人の大半は首相にとても熱狂的であるように思われるからです。しかし歴史的，経済的な立場から考えれば，私の行動は理解可能です。

　臨床上の挑戦は，理解可能な気分の変動と，目にみえる理由がない激しい変動との境界を探ることかもしれません。気分循環性障害の診断は，こうした閾値を提供するようです[4]。この概念は19世紀にさかのぼるものの，この障害に対して特許を取得した薬剤がないため，ほとんど無視されています。これは，少なくとも2年以上にわたる，一時的で軽度の抑うつ症状および軽躁症状に特徴づけられる慢性気分障害と定義されます。睡眠の必要性の減少と過眠の交替，不安定な自尊心，研ぎ澄まされた創造的な思考と無気力の期間の交替，不均一な生産性，内向的な自己陶酔によって反復的に持続される抑制されない親しみやすさが，気分循環性障害を特徴づけます[5]。相当な社会的羞恥を引き起こす過敏性怒り爆発発作（irritable-angry-explosive attacks）があるかもしれません。実質的には，併存疾患（物質・アルコール乱用や不安障害など）がしばしば関連しています[4,5]。

　私たちのほとんどの臨床研究において，すでに述べたように，おそらく最も完全で緻密な観察者評価測度であるペイケル（Paykel）のCID[6]を用いました。ジェニー・グイディー（Jenny Guidi）が特にCIDによる評価に取り組んできました。彼女は，表1に示されている社会環境への反応という1つの項目について私の注意を喚起しました。

　これは，類似の尺度には見られない，とても重要な項目です。うつ病と不安症の患者のCIDの個々の項目からWBTの効果を見ると[6]，私は，ウェルビーイングにおける障害が日常生活において強い反応を起こしやすくしているかのように，社会的環境への反応性がしばしば改善されていることに気がつきました。そこで私は，第3章で述べたように，臨床的マネジメント群と比較した，気分循環性障害におけるCBTとWBT

表 1：CID の社会環境への反応 [6]

これは，環境状況の結果として，改善または悪化のどちらかの方向の気分の変化と症候群を指す。程度を査定せよ：これが変化する場合平均せよ。 「あなたのまわりで起こっていることがあなたの抑うつに影響を与えますか。それとも影響しませんか。（抑うつの）きっかけになることはありますか。気分が悪いとき，気分を良くすることはあるでしょうか。何の理由もなく起こっているでしょうか。変化していますか，それとも同じままでしょうか」	1 ＝なし。環境による変化はない，もしくは非常にまれ。 2 ＝非常に軽度もしくはときどき。 3 ＝軽度。誰かに話すなど非特異的要因が限定的な改善をもたらす。 4 ＝中等度。これらの要因，または特定のより具体的な状況が，より大きな改善または悪化をもたらす。 5 ＝顕著。抑うつは状況要因に応じて相当程度変化する。 6 ＝重度。要因がしばしば抑うつを完全になくしたり，突然引き起こしたりする。 7 ＝極度。抑うつの原因は特定の状況に完全に依存しており，それらによって定期的に引き起こされたり，完全になくなったりする。

の段階的併用の使用に関する統制研究をデザインしました。私がこれから説明しようとしている治療プロトコルは，その研究から派生しています[7]。実際，CBT と WBT の併用は，社会的環境への反応性，観察者が評価した抑うつおよび躁症状を，臨床マネジメント群と比較して有意に改善させました。2 年後のフォローアップで気分循環性障害の診断基準を満たしていたのは，臨床マネジメントで治療した患者では 87％であったのに対して，CBT/WBT に割り付けられた患者では 1/4 のみでした[7]。

アセスメント

最初の 2 セッション

気分循環性障害の特徴は，しばしば治療を求める原因となる他の精神

障害と関連していることが多いです[8]。循環性は，特に探し出そうとしないかぎり気づかずに通り過ぎてしまう傾向があります。関連する精神疾患の種類は，臨床実践のやり方に大きく左右されます。私たちの感情障害プログラムの場面では，不安症の多くの事例において気分循環性の特徴が見出されています[8]。これらの症状を認識することは非常に重要です。なぜなら，不安症が悲しみや気力の減退を伴うとき，医師はベンゾジアゼピンに加えて，またはその代わりに，抗うつ薬を処方することが多いためです[9]。抗うつ薬は，薬物試験期間中のように，短期的には社会的環境への反応性を安定させる可能性があります[6]。しかしながら，抗うつ薬は，最初から，または後のある時点でその障害を双極性障害の過程へと進ませる（躁転させる）かもしれません（薬物の初期効果は，時間とともに起こるものとは異なるかもしれません）[10]。気分循環性の特徴は，この行動活性のリスクが高いことを示しているかもしれません。

　サラのケースを考えてみましょう。サラは，大学に通う若い女性で，気分循環性の二相性の特徴（過眠／睡眠欲の減退；気力の減退／過度の自信；生産性の不均一）と，社交不安，過敏性怒り爆発発作，恋人と家族とのトラブルを呈しています。彼女のプライマリケア医は，2度抗うつ薬を処方しましたが，彼女は，薬が気分を悪化させている，と中断しました。私は，ある意味では，その年齢では抗うつ薬が軽躁や躁を誘発する可能性が非常に高いため，彼女が抗うつ薬を飲まなかったことを嬉しく思いました[11]。サラの問題は，マクロ分析に基づいて図1に要約されています。

　私の求めに応じて，サラは苦痛エピソードをモニタリングし始め（表2），恐怖を感じる状況の階層を作りました。2週間後に彼女に再会したとき，私はまず社交不安の回避に取り組むことに決めました。

セッション3～6

　患者の記載内容についてのマクロ分析に基づいて，この段階では，2

図1：サラが呈している問題のマクロ分析

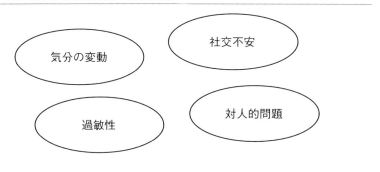

表2：苦痛のモニタリング

状況	苦痛（0-100）	考え
家で勉強していたけれど，十分に集中できなかった。	70	私にはできない。私はダメだ。

つの潜在的な認知行動的方略が使われるでしょう。

1．もし存在する場合，恐怖症の恐怖への曝露のホームワーク。日記に毎日課題を書く。
2．自動思考の概念の導入とそれによる認知再構成。

サラのケースでは，私はこの両方の方略を用い，サラは，「今は，自分の不機嫌には理由があることがわかります」とコメントしました。

セッション7～10

このパートでは，セラピストはWBTを紹介し，WBTの短縮版で示された様式で，苦痛の代わりにウェルビーイングをモニタリングするよ

表3：WBT 日記

状況	ウェルビーイングの感覚	妨げになる思考／行動	観察者の解釈
3時間しっかり勉強できた。	良い気分。この試験をすばやく終わらせることができるだろう。	それは長く続かない。私はいつものようにすべてしくじるだろう。	あなたが生産的に勉強している時間は増えている。集中力がなくなることもあるかもしれないが，それはやむを得ないことだ。

うに求めます（第13章）。これを実行しながら，サラは表3に示されるように，ウェルビーイグへの耐性の低さを発見します。特に，彼女には経験の転移という概念がほとんどありません。大学での彼女の不安は，時間の経過とともに変化しません。

アキスカル（Akiskal）ら[5]が指摘しているように，気分循環性の患者は，感情をそれに伴う生活状況に関連づけるどころか，その状況で考えていることに関連づけることもめったにありません。気分の揺らぎ，特にイライラや怒りが爆発する発作は，人間関係や，一瞬一瞬にどのように感じるかを予測できない患者自身にかなりの困難を生じさせます。彼らは不安を誘発する状況を，予測不能な反応の源泉として避けています。これは，自己の感覚を弱め，悪循環につながります[5]。社交不安に関する曝露のホームワークと関連するCBT/WBTの認知再構成の段階的な併用により，サラは自身の気分をよくコントロールし，恋人や家族との関係を改善することができました。彼女は治療の終わりに，次のように言いました。「浮き沈みがなくなるわけではありません。でも，私はそれにどう対応し，どう強度をゆるめて短く終わるようにするかを知っています」。

臨床的意義

　気分循環性障害は，時間が経っても持続する傾向があります。臨床マネジメントに割り付けられた対照群では，患者の大多数が２年後にもまだ循環性を保持していました。しかし，私たちの研究結果は，これも治療可能な状態であることを示しています。患者は環境刺激に対する反応性を低下させること，気分変動の前兆を認識することが実際できるようになるかもしれません。しかし，これは，彼らの人生における不安を減らすことに成功した場合にのみ起こるかもしれません。

　不安の治療は，適切な場合にはいつでも，抑うつ症状に対するアプローチに先行して行われました。行動方略（特に曝露ホームワーク）もまた，認知再構成に先行していました。治療の最後のパート（セッション７～10）には，軽躁エピソードのモニタリングとWBTの活用が含まれます。コロム（Colom）とビエッタ（Vieta）[12]は，批判的評価を免れるポジティブで恣意的な推論の確立，最も有利な仮説を確認する思考の選択，自己参照思考につながる過度の個人化，そして刺激を過度に関連づける傾向に特徴づけられるような軽躁の認知的モデルを概説してきました[12]。これらの認知は，第10～12章で詳述されているように，現実と衝突する心理学的ウェルビーイングの非現実的な側面の設定につながります。

　気分循環性障害においては，軽躁思考は一時的である傾向があり，環境制御力や積極的な他者関係，自己受容といったウェルビーイングの側面と共有することはほとんどありません。したがって，WBTによる認知再構成は，軽躁的な自動思考を持続的なウェルビーイングに置き換えることを可能にします。双極性障害の躁状態でさえ，自尊心は低いことがわかっており[13]，拡張と誇大は，隠れたウェルビーイングの低さを行動的に相殺するための患者の試みを反映しているかもしれません[14]。

　潜在的な気分の変動は，治療された双極性障害の患者の常であり，病気の前駆段階において起こります[15]。まだ検証はされていませんが，

気分循環性障害に用いられたCBTとWBTの段階的な併用[7]が，現行の心理療法的方略と比較して，寛解した双極性障害の再発率に関してより持続的な効果をもたらす可能性があると考えられます[16]。リチウムを用いた予防中に再発した双極性障害患者の残遺症状のCBTによるマネジメントに関する予備研究は[17]，WBTを用いていないにもかかわらず，この意味で有望でした。

　私たちが記述したアプローチは，単に薬物療法を補完するだけの，双極性障害に関する文献上でよく目にする主要なテーマ（心理教育，薬物治療のアドヒアランス，生活習慣の規則性および再発予防）よりも，はるかに野心的な目標を有しています。WBTアプローチの大部分を構成する，肯定的な自己評価，継続的な成長と発展の感覚，人生に目的と意味があるという信念，他者との良質な関係の保持，自分の人生をうまく管理する能力や自己決定の感覚が，気分安定薬による治療に加えて，双極性障害の治療における有用な標的であると私は信じています。

第 16 章

全般不安症

　生活全般で不安を感じ，神経質になっていることを報告する人がたくさんいます。過剰な不安や心配が特定の臨床閾を越えると，全般不安症（Generalized Anxiety Disorder：GAD）を発症します[1]。支障が少なくとも 6 カ月の間ほぼ毎日生じ，落ち着かなさ，疲労，集中困難，イライラ，筋緊張，入眠困難といった症状を呈します[1]。さらに，GAD に罹患する人は，心配をコントロールすることに重篤な問題を抱えます[2]。診断基準は，これらの症状に基づいています。しかしながら，おそらくこの疾患に最も特有な臨床的特徴（リラックスできない）は，診断基準に記載されていません。GAD 患者は心配をやめることができません。彼らが恐れる物事はほとんど起こることはありません。にもかかわらず，彼らの人生は破壊されます。

　アンディは，大学生で，恐ろしい不安の源泉は，種々の試験です。不安は彼の勉強中に下がることはありませんでした（正確には，彼は経験の移行の概念になじみがありませんでした）。修士論文に関して話を始める前に，彼の不安が確実に上がりました。最終試験を通過した後，彼は次に来る卒業祝賀会について心配をし始めました。彼はこう言って私のところにやってきます。「パーティは重要なものではないとわかっています。でも心配なんです。私は心配をする運命にあって，人生で良い

時間を過ごすことはできないということなのでしょうか？　薬を飲むことの他に，何か私にできることはないでしょうか？」。

　多くのケースで，GADは他の精神疾患（例えば，抑うつ，広場恐怖）と関連し，一般的に治療は関連する支障に焦点を当てて進められます[3]。マクロ分析は臨床的な文脈において治療の優先順を設定する方法として役に立ちます。しかしながら，関連する他の疾患がないケースも見うけられ，アンディはそれに該当します。

　認知行動療法（CBT）は，合併のないGADの治療選択肢です。CBTは短期的・長期的に顕著な改善につながります[2]。薬物療法もまた，CBTと同様に有効ですが，その実施時期は制限されます[4]。内科医に共有される考えとは反対に，ベンゾジアゼピンが抗うつ薬と同様もしくはより有効であることを，私たちの研究グループのメンバーであるエマニュエラ・オフィダニ（Emanuela Offidani）が，メタ分析で明らかにしました。GADは慢性的で寛解しない傾向にあります。治療の目標は，単に症状や心配を軽減することではなく，正常な機能を回復することです。この目標のために，シアラ・ラファニール（Chiara Rafanelli）と私は，標準的なCBTと，CBTとWBTの段階的な組み合わせを比較する研究を計画しました[7]。第3章で述べたように，この後者の精神療法の方法は，治療終了時点およびフォローアップ時点で有意に優れていることが明らかになりました。以下のプロトコルは，統制研究で使用されたものに基づき，なおかつ臨床実践の中で数年にわたって改良がなされたものです。第4章で入念に述べたように，必ず初期評価を行ったうえで実施されるべきです。このプロトコルは，平行して実施される薬物療法のマネジメントの仕方については記載していません。薬物療法のマネジメントに関する事項は，次の章で詳細に扱います。

表1：苦痛日記

状況	苦痛（0-100）	思考／行動

表2：セッション1の目標

1．患者自身の報告による自身の感情，現在と過去の苦痛や治療歴を聴取する。
2．精神療法の8セッションの構造と構成内容についての情報を提供する。
3．最初のコミュニケーションのチャンネルを確立し，治療同盟の基礎を築く。
4．自己療法の概念について紹介する。
5．最初のホームワークを設定する（日記）。

セッション1

　本セッションの目的は，治療者と患者の関係における協同的な性質と，この文脈における自己療法の重要性を強調することです。自己観察日記がとても簡単な手はじめの課題として導入されます。ここでの課題は，苦痛が特に著しかったエピソードを表1のような形でモニタリングすることです。

　この段階では，治療者は認知モデル[2]の説明や心理学的ウェルビーイングに言及することは控えます。不安やその身体的表出についての患者の理解を引き出すようにします。最初のセッションは，実際には，患者が抱える現在の問題や薬物療法と精神療法の双方を含む過去の治療歴を知る機会になります。患者は構造化された日記に，0を「不安なし」，100を「パニック」とする0-100の数値で評価される最も不安な急性のエピソードにまつわる状況を報告することを求められます（表1）。また，

表3：セッション2の目標

1. 全般的に2週間どのように過ごしたか確認する。
2. 日記や日記の記入をやり遂げることに関する困難について概観する。
3. 自動思考の概念を紹介する。
4. 回避行動を特定する。
5. ホームワークを継続する（日記，適切であれば段階的曝露のホームワーク）。

患者はそれらの不安の発作が起こったときに生じている思考や行動についても報告を求められます。

患者は，この日記を記入して2週間後に再来するよう求められます。最初のセッションの概略を表2に示しています。

セッション2

第6章で述べたように，患者が再来したとき，いろいろなことが起こりえます。もし日記に何か記入したものが呈示されたら，それがどの程度のもので，どのようなフォームに記入されたものかにかかわらず，患者は取り組みを賞賛されます。もし，患者が日記を持参しなければ，セッションは，現在の状況，抵抗，困難，誤解を探求するために割かれ，さらなる進展は次のセッションに先送りされます。治療者は患者の日記を概観します。次に自動思考の概念が紹介されます[2]。最初の課題は，自動思考を「捕まえる」ことです。自動思考が適切に特定されるようになった後でのみ，教示が与えられ，別の考えを示して自動思考を落ち着かせ，不安エピソードに占有されるコントロール不能な感覚を低減させます。特に，患者が提供した具体例について，それぞれの状況で文脈や認知のタイプに共通点がないかどうか注意します。患者は不安様の発作が起こったらできるだけすぐに日記に自動思考を報告するよう促されま

表4：苦痛日記

状況	苦痛（0-100）	妨げになる思考／行動	観察者の解釈

す。「あなたが不安になり始めたとき，最初にあなたの頭の中を行きかったのはどんなことでしたか？」あるいは「その状況におけるあなたの主な心配ごとはなんですか？」といった質問は役に立つでしょう。不安エピソードの最中または後に生じた行動にも，特に回避のパターンに着目しながら，注意を払います。

次に，患者は表1のフォーミュレーションに基づいて，特に「自動思考」を探しながら日記を続けるよう求められます。もし回避が特定されたら，段階的曝露のホームワークを課します。患者は2週間後に再来するよう求められます。

第2セッションの目標は表3に示されています。

セッション3

このセッションの実施中は，治療者はホームワークの課題を概観し，患者が自動思考を記録してきたことや曝露のホームワークを，適切であれば賞賛します。治療者は患者と一緒に，自動思考の概念としばしば関連する，自動思考の歪み具合を概観します。日記内の列に，関連する観察者の解釈（他者が同じ状況で考えるであろうこと）が紹介されます（表4）。治療者は患者が呈示した記載内容について観察者の解釈の例を書き始めます。

表5：セッション3の目標
1．全般的に2週間どのように過ごしたか確認する。
2．苦痛日記について概観する。特に，自動思考の特定について。
3．自動思考の代替となる解釈を発展させ，観察者の解釈を紹介する。
4．適切であれば，ホームワークの曝露をモニターし後押しする。
5．ホームワークを継続する（自動思考の特定,観察者の解釈,曝露のホームワーク）。

　患者はこのように，恐怖を破局化せず証拠を集め，代替となる視点を発展させるよう後押しされます[2]。認知の誤りが特定され，修正されます。患者は日記を続けるよう求められ，自分自身の手で観察者の解釈を書くよう後押しされます。患者は2週間後に再来するよう求められます。セッション3の目標は表5に示されています。

セッション4

　治療者は，患者が課題を実施したことを賞賛し，協同的なアプローチを用いて，認知の誤りや過度な回避を明示するためのテクニックを，セッション中に用い続けます。治療者はとりわけ観察者の解釈に注意を払って日記を概観し，記入もれがあったり不完全な部分があったりする箇所に関しては患者の手助けをして，各列を埋めます。患者は自動思考に即座に反応するよう後押しされます。患者の自己療法を実施する努力に対して賞賛が与えられます。患者が，データを収集する段階に到達していないようであれば，治療者は，協同的に障害となっているもののトラブルシューティングをします。

　本章の冒頭で述べたアンディの場合，以下の不安思考の側面が表出しました。

表6：セッション4の目標

1．全般的に2週間どのように過ごしたか確認する。
2．苦痛日記について概観する。特に，観察者の解釈に関して参照する。
3．自己療法の現実場面での介入の励まし，自動思考と回避／逃避行動の双方の対比。
4．ホームワークを継続する（自動思考の特定，観察者の解釈，曝露のホームワーク）。

- 脅威の過度な見積もり（悪い結果が高い確率で起こると考える，例「確実に悪化する」）
- 白黒思考による脅威の重篤さの過大視（起こりうる最悪の結果を予測する）（例「それができなきゃ，ただちに解雇される」）
- 無能感（例「すべきことに対処できない」）

このような側面は，アンディが最近卒業後の会社でのインターンシップを始め，仕事の環境にはじめて直面したときに実際に生じました。

完全に確立された習慣や考え方を崩すのは簡単なことではないことに言及しつつ，患者がホームワークを続けるよう後押しします。それには継続的な努力が必要です。患者は2週間後に再来するよう求められます。

セッション4の目標は表6にまとめられています。

セッション5～8

段階的な組み合わせの一部としてのWBTの実施は，第5セッションから開始します。第5セッションは，CBTの実施後に，第13章で述べた形式のWBTをCBTにつなぐ形で提示されます。しかしながら，第5セッションでは，特に注意が必要です。なぜなら，CBTの最後のセッションが苦痛に焦点を当てたホームワークであり，そこからウェルビー

イングに焦点を切り替える導入をするためです．1つの一般的なルールが適用されます．そのルールとは，この段階的なアプローチの各ステップを完遂することが，決められたセッション回数を実施することよりもはるかに重要であるということです．言い換えるならば，患者が先のステップをマスターしていないのに，次のステップに進もうとするのは良い実践にはつながらないでしょう．例えば，患者が自動思考を特定することが難しい場合には，観察者の解釈の導入を行っても意味がありません．同様に，WBTの段階に移行するには，患者がCBTの段階で適切なプロセスを経ている必要があります．それができていない場合，WBTによる介入は遅らせたほうがよいでしょう．第13章で示された橋渡しの形態では，自動思考の特定と代替となる解釈が必要になるためです．

　GADに対してWBTをCBTの枠組みに加えることは，認知療法における慣例的な苦痛エピソードのモニタリングよりも包括的に自動思考を特定可能にします[7]．例えば，日々の用務のマネジメントに対する主観的な知覚（環境制御力）の改善によって，役割機能と関連する悲観的な認知の歪みが減少するかもしれません．自信を増加し，疲弊を減少する手続きがGAD治療のために作られた不安管理の手続きに含まれていたのは，驚くに値しません[8]．対人関係上の困難はCBT後の重大な残遺する問題として報告されます[9]．WBTにおいて，他者とのポジティブな関係や自己受容を強調することは，人間における（確実で，強固で，妥協を許さない）ギブアンドテイクの関係についての患者の認識の誤りを改善するかもしれません．

　同様に，停滞した感覚を乗り越えること（個人的成長）や方向性を持つ感覚（人生の目的）を提供することは，自助や曝露を刺激するかもしれません[7]．アンディのウェルビーイング日記の抜粋はそれらのメカニズムを示しています（表7）．症例報告全体を見ると，そうしたプロセスについて他にも役に立つ洞察を得られるでしょう[10]．

表7：アンディのウェルビーイング日記

状況	ウェルビーイングの感覚（0-100）	妨げになる思考／行動	観察者の解釈
仕事での新しい状況をさばくことができた。	うまくいった。(30)	私はちゃんとやれた，でも，能力のなさがいずれ明るみに出てくるだろう。	私は日々学び，良くなってきている。ときどき失敗をするかもしれないが，それを正す機会が常にある。

　不安に対するWBTの役割における重要な示唆が，私たちの研究グループのメンバーである，フィアメッタ・コッシ（Fiammetta Cosci）の症例報告で述べられています[11]。彼女は，認知療法を実施中，自動思考を特定することが難しかった患者が，WBTではあまり困難を感じなかったことを示唆しています。その理由は，モニタリングの種類が（苦痛からウェルビーイングへと）変化したことです。

全般不安症に対するWBTの臨床的示唆

　GADに対するWBTの適用に関する私たちのRCTの結果によって，治療の構成要素を段階的に，例えば，認知再構成や曝露を最初の段階で実施し，WBTをその後の段階で実施することが支持されました。このように，GADに対して精神療法の手法を段階的に使用することと，気分障害からの回復に対して薬物療法と精神療法を段階的に使用することの間には共通性があります[12]。私たちのRCTで組み入れられたサンプルは，精神科疾患の併発を示していませんでした[7]。検証はまだされていませんが，WBTとCBTの段階的な使用は，GADが気分障害のような他の疾患を合併する状況で特に適用可能であるかもしれません。不安抑うつ（大うつ病性障害と全般性不安症の併発）は非常に適した臨床的

ターゲットかもしれません。この状態は，抗うつ薬に対する反応が悪いことが示されており，現在の精神科治療における大きな課題を代表するものです。

第17章

パニックと広場恐怖

　広場恐怖は最もよく見られる苦痛な恐怖症です。1871年にウェストファル（Westphal）が記述して以来，文献上一貫して報告がなされてきました[1]。

　「不安が，お店，交通機関，映画館，劇場，あるいは教会といった公共の場で，特に患者自身が群衆に囲まれていることを自覚したときに顕著になる。そして患者は，体温の上昇，混乱，震え，愚かさ，パニック発作を感じる。そうした群衆の中や閉鎖的な空間にとどまることは，患者の不安を募らせる。その不安は，患者を恐怖や恥から回避させる。そうした経験について尋ねると，患者はパニック発作が悪化することや他者が存在する状況で不安を露呈すること，あるいは失神すること，絶望的でコントロールできない状態にあること（その状態は極度に恥をかき当惑するものとみなしている）に対する恐怖を述べる患者がいる。一度失神性の発作が起こると，ほとんどの場合，常に恐怖が高まり，患者の中にはその後，買い物や道を1人で歩くことすら全くできなくなってしまうものもいる……（中略）……不安は，患者が人混みの閉鎖的な空間にいるときに最も強くなるが，ある程度の緊張が，そのときの全体にわたって維持される」（文献2のp.93）

　これは，優れた精神医学の教科書における広場恐怖の記述であり，マ

イヤー・グロース（William Mayer-Gross），エリオット・スレイター（Eliot Slater）そして マーティン・ロス（Martin Roth）の非凡な協力と友情と科学的な共同作業の成果です[2]。広場恐怖の症状の進行は，段階にしたがって分類されるかもしれません[3,4]。表1は，そのような段階について記載しています。最初の段階は，素因の存在に関するものです。例えば，素因としては，遺伝的脆弱性，前駆となるパーソナリティ，特に，依存性や罰回避，不安感受性，心気症的な恐怖や信念[1]が挙げられます。それらの相対的な重みは患者により様々であり，些細な回避のパターンを生じさせ，最終的に広場恐怖に至るのかもしれません（段階2）。

患者の中には，広場恐怖が，軽度または中程度の重症度であるものもいるかもしれません（表1）。その一方で，それらの回避によって「さらなる回避にもう耐えることができない，あるいは人生の状況が回避を許さないような崖っぷちで，パニックを起こして」しまう患者もいます[5]。

二つの独立した研究によって[6,7]，広場恐怖を伴うパニック症患者40名のほとんどが，最初のパニック発作の前に前駆的な症状（広場恐怖，心気症，全般性不安）を経験していることが明らかになりました。この発見は，非常に入念な方法論によって得られました。その方法とは，症状の発症の日時を注意深く聴取し，前駆的，臨床閾値下の症状に適した信頼性と妥当性のあるプローブを用いて厳格に症状を定義し，急性の支障が経過するまでインタビューを持続（思い出しによる歪みを最小にするために）することでした。当然，この知見は後続の研究でも確かめられ，他でその詳細がレビューされました[1]。

こうして，前駆的な回避は，ストレスフルな人生の出来事と相まって，青斑核におけるノルアドレナリン作動性神経を発火させる可能性があります。パニック発作は，前駆的症状の顕著な悪化を増幅させる傾向にあります。全般性不安は強い予期不安を生起し，広場恐怖は，顕著に悪化し，非特異的な健康不安は重篤な心気症や死に対する恐怖に遷移するかもしれません（段階3）。

表1：広場恐怖の段階（Fava et al.[1] から修正）

段階1	前広場恐怖。不安の存在（健康不安や不安感受性を含む）や独立した恐怖，あるいは依存性や罰回避といったパーソナリティ要因，あるいは心理学的ウェルビーイングの不足。
段階2	広場恐怖。DSM-5の診断基準に基づくと軽度（たまに回避あるいは苦痛を伴い耐え忍ぶが比較的通常の日常生活が送れる）から中等度（生活スタイルが制限される）の重症度の困難を伴う，回避の難しい場所や状況における恐怖。
段階3	パニック症（急性段階）。パニック発作の出現とパニック症（DSM-5）の発症。広場恐怖と不安の悪化。健康不安が心気症，疾病恐怖，あるいは死に対する恐怖になる。意欲消失や大うつが生じることもある。
段階4	パニック症（慢性段階）。広場恐怖がDSM-5の基準でいうと重篤になる（回避のために，ほとんどあるいは完全に外出できなくなる）。パニック症が6カ月を越えて持続している場合に，心気症的恐怖や信念が顕著になる。大うつになりやすさが増大する。

　広場恐怖を伴うパニック症が続いていることは，他の精神科疾患的な提訴が発展するための素因になるかもしれません。特に抑うつがそうです(段階4)。ストレスフルな人生の出来事は他の要因と相まって，パニックや二次的な抑うつの発展において重要な役割を果たします。

　この4段階モデルは，明らかに多くの限界があります。このモデルは，すべての広場恐怖の患者に適用することができないかもしれません（例えば，患者はパニック症を発症する前に，あるいは同時期に抑うつを発症しているかもしれません）。しかしながらこのモデルにはヒューリスティックな（精確ではないがすばやく判断できる）価値があります。4段階モデルは，パニック発作を伴う広場恐怖よりも頻繁に見られるパニック発作を伴わない広場恐怖を説明するかもしれません。なぜ，心気症的な恐怖や信念，あるいは不安感受性が，パニック発作を伴う広場恐怖に対する行動療法あるいは薬物療法の実施によって改善したのか，それらが回復した患者において，前駆症状や残遺／病前特性として報告さ

れるのかを説明するかもしれません。

　ホームワークのエクササイズとして現実場面で曝露を行うことは、パニック症と関連する広場恐怖に対して選択される治療です[8]。曝露に基づく介入は、しばしば、たとえ付加的な要素（例えば、認知再構成、呼吸の再訓練）が曝露を単独で実施するのと比べてアウトカムを改善するエビデンスがなくても、他の認知的方略と関連します[8]。抗うつ薬やベンゾジアゼピンも、広場恐怖やパニック発作に有効であることが示されています。主な違いは、臨床的効果が継続する期間です。つまり、ホームワークとしての曝露の手続きは改善が持続する一方で[8]、向精神薬の効果は、継続をやめた後に減衰します[10]。先の章で私が述べたように、ベンゾジアゼピンは抗うつ薬と比較して有意に有効です[10-12]。ただ、これは多くの精神科医の考えとは異なります。薬物療法と精神療法の組み合わせは、有効性がより高まることはまだ示されていません。実際に、2つの大きな臨床試験で[13,14]、その組み合わせが有害であることがわかっています。

　パニックの水準に達した広場恐怖を治療することにおける最大の問題は、患者のかなりの割合（少なくとも3分の1）が、治療に反応しない、あるいはドロップアウトするということです[9]。クロスオーバーデザインの統制試験において、曝露単独、曝露療法とイミプラミンを併用、認知療法に曝露療法を加えるという3つの治療形態が、曝露療法に反応しなかった21名のDSM-IVの診断基準に基づくパニック症と広場恐怖患者を対象に比較されました[15]。21名の患者のうち12名が、試験中に寛解（パニック症状がない状態）に達しました。曝露療法単独治療で8ケースが、他の治療でそれぞれ2ケースが寛解に達しました。3名の患者が治療をドロップアウトしました。パニック症において曝露への抵抗は、曝露のホームワークの実施率の低さと関連することが明らかにされました[15]。ホームワークの実施、特に行動的なセッティングにおけるそれは、忍耐と動機を必要とします。そうして、WBTは症状指向の治療によっ

て与えられる改善の程度の達成，またはコンプライアンスの増加，あるいはその両方かもしれないと考えられました。治療を最後まで行ったもののパニック発作に苦しんでいる6名の患者にウェルビーイング療法が提供され，3名の患者がそれを受け入れました。WBTは現実場面での曝露のホームワークの持続と関連していました[16]。3名のうち2名の患者はパニック症がない状態に達しました。患者の半数がまだパニック症に苦しんでいるこの非常に小さな試験から結論を述べるのは明らかにとても難しいことです。プラセボ（非特異的）効果もありえます。これは，3つの連続した臨床試験の実施中に回復しなかった患者ではない患者であってもです。統制試験では，有意な時間の要因の効果が明らかにあるので[15]，その結果は単に曝露の持続によるものであったかもしれません。しかしながら，WBTが2人の患者の曝露の継続や曝露をホームワークで実施するコンプライアンスを高めることに役立ったのかもしれません。これは実際に，治療者の評定にしたがって改善していたことが示されました[16]。フィアメッタ・コッシ（Fiammetta Cosci）[17]は広場恐怖を伴うパニック症患者で大うつエピソードのある患者で，パロキセチンとCBTによる治療に反応を示さず，WBTに反応したケースを記述しています。この患者は，認知療法における苦痛のモニタリングでは自動思考を特定することができませんでした。一方でWBTでのウェルビーイングのモニタリングでは自動思考を特定することができました。興味深いことに，WBTの後，彼女は認知療法も完遂することができました。

　これらの結果は，もちろん，WBTを使用することの根拠とはなりません。しかし，本章では，曝露療法とWBTの組み合わせに基づく治療プロトコルのアウトラインを示すことには意味があるでしょう。これは，抑うつ，気分循環性障害，全般性不安症で述べた組み合わせ方と異なるものです。WBTを使用する臨床的に妥当な理由は，有意に心理学的ウェルビーイングのレベルが低いことです。社会人口統計学的変数をマッチングした健常統制群と比較してパニック症や広場恐怖の寛解患者で顕著

に心理学的ウェルビーイングが低いことがわかっています[18]。さらに，WBT がパニックのような不安による妨害の中で薬物療法を中断する場合にも有効な役割を果たすかもしれないことについて，いくつか示唆を含みます。これはこの章でのちほど詳細に述べます。

パニック症と広場恐怖の治療

このプロトコルは週1回45分，12セッションで構成されます。セッションは，行動的曝露のホームワークに基づいていますが，最後の4セッションは，曝露と WBT の組み合わせが含まれています。治療は曝露のホームワークと治療者からのフィードバックのみに基づき，治療者とともに実施する曝露は含まれません。私たちはこのプロトコルに関して，ロンドンのアイザック・マークス（Isaac Marks）教授の突出した仕事に感謝いたします[20]。このプロトコルは私たちのグループによって，1つの RCT [15] と2つのオープンな追跡調査[9,21]で使用されてきました。

セッション1

このセッションの目的は，治療者と患者の協同的な性質とこの文脈における自己療法の重要性を強調することです。患者がどのように感じているかや治療歴を聴取した後で，治療者は患者に，恐怖や不快感を感じる状況や回避している状況，あるいは苦痛に直面する状況について日記で報告してもらいます。この段階では，行動的課題を提案することや認知モデルや心理学的ウェルビーイングに言及することは控えます（このプロトコルは認知再構成や他の関連するテクニックを含みません）。不安や不安に伴う身体症状の結果についての患者の理解を引き出します。

たいていの患者は向精神性の薬を初回面接のときに服用しています。患者は，断薬の機が熟すまで薬の服用を継続することをすすめられます。その時期は，ある程度の寛解にまで達するときです。治療者と患者は，

表2：セッション1の目標

1. 患者の気分，現在と過去の苦痛，治療歴について患者の説明を得る。
2. 精神療法の12セッションコースの構造と構成内容についての情報を提供する。
3. 最初のコミュニケーションのチャンネルを確立し，治療同盟の土台を形成する。
4. 自己療法の概念を紹介する。
5. 最初のホームワークを設定する。

意思を共有しながら，その時期が正確にいつであるかを決めます。

患者は2週間後に日記を持って再来するよう求められます。最初のセッションの目標を表2に示しています。

セッション2

前章と第6章で述べたように，患者が再来するときには，様々な可能性が考えられます。記入済みの日記が提示されたら，患者はその協同作業を賞賛されます。もし，記入済みの日記を患者が持ってこなければ，このセッションは，現在の状況，抵抗，困難，誤解を探索することに専念し，いかなる進行も後続のセッションに先延ばしします。「あなたが日記を持ってこないかぎり，私たちの作業は開始できない」と患者に説明がなされます。行動的曝露を実施してもらうために私が臨床心理士に依頼した患者が1年後に戻ってきました。「あなたは私に短期の治療になるといったが，そうじゃなかった。私たちは，20セッション以上やっていて，それでも今もはじめの頃から変わっていない」と不満を漏らしました。彼女に日記を持ってくることを納得させるために18セッションかかったことは非常に残念なことでした。

治療者は患者の日記をレビューします。ジルのケースについて考えてみましょう。

表3：回避しているまたは苦痛に耐え忍んでいる状況のリスト（0-100）

- ショッピングモールに行く（80）
- ダウンタウンにいる（80）
- 混んだ環境（80）
- 外食する（70）
- 知らない人と会う（80）
- 家に1人でいる（40）

　ジルは32歳の内科医で，総合病院の心臓病医として勤めています。彼女は，自分の処方したセルトラリンを使用（現在は1日50mg，以前は1日100mgまで増量）しているにもかかわらず，月に2回の頻度でパニック発作が起こることに苦しんでいます。向精神性の薬を自己処方するのは，内科医の悪い習慣です。

　彼女は2年間セルトラリンの服用を続けており，心臓医学において，心筋梗塞後に落ちこんでいると思われる患者に処方するよう教わったもので，根拠のない実践であり，これもプロパガンダによる快挙の例です[22]。彼女の広場恐怖はわずかです（そうした例はよくあります）。彼女は毎日仕事に行く（片道20km 車に乗って）ことができていますが，いつもと違うことを行うのを控えます。彼女が回避するあるいは苦痛を耐え忍んでいる状況のリストが表3に示されています。彼女は独身独居で，それは嬉しいことではありませんが，もう慣れています。彼女のリストにあらわれたことは（たいていそうなりますが）ごくごく一部のものでした。臨床像全体にはもっと多くの状況があり，それらはそのうち表出するだろうと思いました。

　日記の最初のアセスメントの後，私は，以下の挿話をよく用います。私の経歴のはじめのころに受け持った患者についての話です。

　「ある青年は反復性のパニック発作を，特に高校生のときに患っていました。彼は，都度，両親に迎えにきてもらいました。私が彼にはじめ

て会ったとき，彼に簡単に諦めないようにと伝えました（彼は欠席が多く，高校を継続することが危機的な状態にありました）。「あなたは打ち勝つようにしないとね。次に私たちが会うときに，あなたがどうしたらよいか説明しますね」。2週間後に再来したとき，彼は私に以下のストーリーを共有しました。「買い物をする必要があったので，デパートに行かなければなりませんでした。デパートに入ると，症状の『コンサート』が始まりました。はじめに，いくつかの症状が起こりましたが（動機，震え，筋緊張），それらには対処することができました。しかし，ふらふらしてめまいを感じ始めたら私は対処できず，その場を去ります」。これが，彼がデパートにいたときに起こったことです。しかし，彼は私の言葉を覚えていました（「最初の症状で諦めない」）。そして，とどまりました。1分間の間にその「コンサート」はやみました。彼は自分自身の達成を喜びました（「思っていたより簡単だ」）。後日，彼がバイクにのって友人に会いにいったとき，バイクに乗ることは慣れ親しんだことであったにもかかわらず，突然パニック発作が彼を襲いました。デパートを訪れたときには，不安の覚醒を予測していましたが，今回のパニック発作はよく慣れ親しんだ状況で起こったので全く予期していませんでした。彼は，友人のところに行くことができず家に戻ってきました。この苦痛は数時間続きました。彼はそれから私にこう言いました。「僕は自分の病気について理解しました」と。「犬のようなものです。もしあなたが恐怖を全く示さなかったなら（実際は怖かったとしても），犬はあなたを1人にして置いていき，あなたに噛み付いてくることはないでしょう。でも，もし犬が，あなたが怖がっていることや逃げようとしていることを知ったら，犬はあなたを捕まえて攻撃するでしょう」。

それから私はこの患者に，どれだけ内側でざわついたとしても，自分自身を犬に曝露しなければいけないこと，恐怖を表に出さないでいられるようにならなくてはならないことを説明しました。治療者が差し伸べる唯一の手助けは，「すべては犬の姑息な罠」であることを知ることに

表4：ジルのホームワーク

水曜日	帰宅途中にスーパーに立ち寄る
木曜日	帰宅途中にデパートに立ち寄る
金曜日	夕食後10分歩く
土曜日	スーパーに行く
日曜日	朝20分歩く
月曜日	帰宅途中にデパートに立ち寄る
火曜日	帰宅途中にスーパーに立ち寄る
水曜日	帰宅途中に本屋に立ち寄る
木曜日	夕食後20分歩く
金曜日	帰宅途中にデパートに立ち寄る
土曜日	ダウンタウンに買い物にいく
日曜日	30分歩く
月曜日	帰宅途中にスーパーに立ち寄る
火曜日	帰宅途中に本屋に立ち寄る
水曜日	次回面接日

よって，曝露の最良の方法を説明することです。曝露療法の方略は，実際には，患者と計画します。恐れる状況に繰り返し，長時間曝露することとそれを日記で記録することの重要性を強調します。この治療の中核をなす原理は，患者が恐れる状況に再び飛び込むことや不安を感じている最中もその状況にとどまることに納得することです[19]。回避行動の有害な結果が強調されます。

治療者は，日記に実施するホームワークを書きます。これらの課題は最小限の作業で構成されていますが，患者はより多くのことをするよう後押しされます。ジルのホームワークは表4に報告されています。ホームワークは面接した日からスタートしています。

これらのホームワークは，ジルは仕事の時間がとても長く，他のことをする時間があまりないという事実を考慮して作成されています。ジル

表5：セッション2の目標

1．2週間，全体的に患者がどのように過ごしたかを確認する。
2．日記と課題遂行の困難さを概観する。
3．次の2週間のホームワークを決める。
4．ホームワークの説明と励まし。

はこのエクササイズを実施した後に，0-100で各エクササイズの難しさを評価するよう求められました。

セッション2の目標は表5に詳細に記されています。

セッション3〜7

これらのセッション中，治療者はセッション間での進行状況と患者の評価を含むホームワークを確認します。各ホームワークは簡単に話し合われます。特に問題がある場合や，患者がホームワークを実施しなかった場合には話し合います。患者は，パニック発作は害がなく一時的なものであるという性質や，パニックは単純に適切なワークアップの後でのみ静まることを伝えられます。

ディートリー（Detre）とヤレツキー（Jarecki）[23]は，病理学における「ロールバック現象」を述べています。それは，疾患は緩和するときには，逆の順序であっても，発症時期に見られる段階や症状の多くが繰り返されるというものです。リフキン（Rifkin）ら[24]は，自発的で状況的なパニック発作が，アルプラゾラムやプラセボで治療された双方の患者において広場恐怖よりも先に減衰することを示しました。私たちの研究の1つでは[21]，広場恐怖にのみ焦点を当てた行動的治療を6セッション実施した後で，広場恐怖が顕著に改善したのに反して，すべての患者がなおもパニック発作を報告しました。曝露はそれでも，パニック発作の頻度や持続時間や質を変容しました。さらに6セッションの行動的治

表6：セッション3-7の目標

1．セッションとセッションの間どのように過ごしたかを確認する。
2．日記と患者が出くわした困難を概観する。ホームワークを賞賛する。
3．ホームワーク課題（難度を高めた状況への曝露）。
4．課題の説明と励まし。

療を付加することで，広場恐怖はさらに改善しました。結果としてほとんどの患者でパニック発作は減少しました。後ろ向きに観察されたパニック症の前駆的症状の症候学的な段階（段階2から3）は，前向きな観察（研究）によって確認されました。つまり，曝露による回避の減少によって，広場恐怖とパニックが改善しました。最終的にはパニックが消失した一方で，広場恐怖はより低い程度ではありましたが維持されました。ロールバック現象はパニックを再発する前の年に観察された広場恐怖的な回避が増加していたという事実によって支持されました[25]。ただしパニック症の再発後にはさらに増加していました。パニック症の前駆症状はこうして残遺症状に変遷するようになり，それが今度は再発の前駆症状となり進行するのかもしれません[26]。

　これらの初期のセッションで実施される曝露のホームワークは概してパニック症の消失をもたらすことはできません[21]。しかしながら，パニック発作は症状が少ない軽度な状態になり，顕著に回避が減少します（「犬」，適切な注意が払われていなかったパニック発作の例え[21]）。パニック症状の前駆症状が一度起こったら，患者は治療の前にとっていた反応（逃避反応：flight reaction）とは異なるやり方で反応（闘争反応：fight reaction）するようにみえます。

　ジルは自分の困難に関して最初は否定的な反応を示していますが，その後，アップダウンしながらその困難に立ち向かい（私はいつも私が骨折したときの挿話を伝えます），彼女の活動範囲を広げます。

表7：セッション8の目標

1．セッションとセッションの間どのように過ごしていたかを確認する。
2．曝露日記と患者が出くわした困難を概観する。
3．ホームワーク（難度を高めた状況への曝露）。
4．ウェルビーイング日記。

隔週でセッションが行われます。治療者はその都度，記載された日記の内容をレビューして，新しく進行した課題を追加します。技術的に難しいのは課題間の中間的な段階を見つけることや，個々の患者が持つ恐怖の微妙な階層を特定することです。

セッション3から7のアウトラインが表6に示されています。

セッション8

このセッションではWBTが曝露のホームワークに追加されます。最初のアプローチ（CBT）の置き換えにはならないので，先の追加とは異なりますが，CBTの増強になります。GADについて述べてきたこととは違い（第16章），このような増強アプローチは患者が，前の段階を達成していることを必要としません。というのも，治療抵抗性のケースに適用されることがわかっており，WBTは実際には曝露することに対するモチベーションとして働くからです。

このセッションの序盤は先のセッション2〜7の形式にしたがいますが，患者は新しい課題を探求することを求められます。患者はこうして第5章で詳細を述べたように，ウェルビーイングの例を別な日記を用いてモニタリングして2週間後に再来するよう後押しされます。

セッション8の目標の詳細が表7に示されています。

表8：セッション9の目標

1．セッションとセッションの間どのように過ごしていたかを確認する。
2．曝露日記をその困難と達成を含めて概観する。賞賛し励ます。
3．ウェルビーイング日記を概観する。ウェルビーイングを妨害する考えや行動のモニタリングについて紹介する。
4．最適経験に関して，どのような感情や経験が患者をより良い状態にするかの理解を始める。良い状態には最適経験を含む。
5．ホームワークを続ける（曝露とウェルビーイング日記）。

セッション9

多くの患者で起こるのと同じように，ジルもまた，ウェルビーイングを観察することへの誘いに対し，不可能な課題であると反応しました（「私は良い気分に決してならない」）。にもかかわらず，彼女はいくつかの例を持ってくることができました。特にホームワークをスムースにできたときに，彼女の活動性は顕著に増加しました。彼女は数年ぶりに飛行機にのり，週末に地元を離れて出かけることもときおりありました。セッションの前半はまだ行動的曝露の概観（先のセッションと同様に）ですが，後半はウェルビーイング日記について検討します。患者は，第6章で詳細に述べたように，ウェルビーイングを即座に中断させてしまう考えや行動を報告するよう求められます。セッション9の目標が表8に示されています。

セッション10

曝露のホームワークは大多数の患者でパニック発作の消失を導きます[21]。これは実際にジルの曝露療法の後半（セッション7～12）で起こったことです。

しかし，「犬がまた吠える」がっかりさせる例が生じます。ジルもま

表9：ウェルビーイング日記

状況	ウェルビーイングの感覚 (0-100)	妨げになる思考／行動
週末ローマに実際にちゃんと行けて，街を楽しんだ。	私は人生を再開した。当初より多くの進展があった。(60)	これは長続きしない。すぐに苦痛な状態に戻るだろう。

た気づいていました。彼女はまだセルトラリンを服用しており，それを服用しないとどうなるのか疑っています。私は，彼女がパニック発作があるときもセルトラリンを服用していて，その薬が確実に彼女のパニックのために役には立っていなかったと答えました。彼女はそれから重要な心配を漏らしました。「あなたの言うことは当たっているかもしれないけれど，セルトラリンを服用しないと私はうつになるし絶望的になるでしょう。私は抗うつ薬なしにうまくやれない弱い人間なのです」。私は彼女に（彼女は内科医であることを忘れないでください），抗うつ薬は2年後，プラセボよりも有効であるとは言えないこと[27]，そしてこれからその説を実証してみせるつもりであることを話しました。

　ウェルビーイング日記を概観した例の抜粋が表9に示されています。

　ジルはそれから，第7章で述べたように，「自動思考」の概念を紹介され，それらを探求するよう求められます。彼女はまたセルトラリンを1日50mgから25mgに減少するよう求められました。私は，服薬の減少による離脱症状が起こらないよう，幸運を願いました。

　セッション10の目標の詳細が表10に示されています。曝露に関する概観はこの時点では，面接の3分の1以上の時間をかけるべきではありません。患者は2週間後に再来するよう求められます。

セッション11

　ジルは，ウェルビーイング日記で上手に課題をこなし，自動思考を捕

表 10：セッション 10 の目標

1．セッションとセッションの間どのように過ごしていたかを確認する。
2．曝露日記をその困難と達成を含めて概観する。賞賛し励ます。
3．自動思考の特定に関してウェルビーイング日記を概観する。
4．観察者の解釈の紹介。
5．ホームワークを続ける（曝露とウェルビーイング日記）。

表 11：ジルのウェルビーイング日記

状況	ウェルビーイングの感覚（0-100）	妨げになる思考／行動	観察者の解釈
仕事で自分の権利を話すことができた。	はじめてそれができた。良くなっている。(80)	些細なエピソードだ。同僚はいつもそうしているので自分の先を行っている。	このことだけではない。私は自分の人生のすべての領域で成長している。

まえて，観察者の解釈を紹介することができました。セルトラリンの服用量の減少は不安や気分に影響を及ぼしませんでした。この種の薬でよく起こることを踏まえると（この後の「向精神薬の中断」を参照），私は幾分ついていると思いました。私はそうして，彼女が頓服で服用していたブロマゼパムを服用することでセルトラリンを断薬することを決めました。自動思考についての話し合いは，環境制御力や対人関係においてまだ支障があることを示しており，患者はそれに気がつきました。そのときに，表 11 に示された例のように彼女は個人的成長の大きな進歩に気づきました。

　セッション 11 は，先のセッションと同様に，曝露とウェルビーイングのパートに分けられます。表 12 に主な目標がまとめられています。治療の終結が恐怖や感情を聴取する機会と共に話し合われます。患者は 2 週間後に再来するよう求められます。

表12：セッション11の目標

1. セッションとセッションの間どのように過ごしていたかを確認する。治療の終結が近づいていることに関する患者の気持ちを確認する。
2. 曝露日記を概観する。
3. ウェルビーイング日記を概観する。心理学的ウェルビーイングの側面にしたがって認知再構成を行う。
4. ホームワークを続ける（曝露とウェルビーイング日記）。

セッション12

最後のセッションでは，治療を終結することに関する問題がさらに探求されます。曝露療法とウェルビーイング日記の双方が概観されます。自己療法の概念がさらに強められます。患者は自分自身でワークをすることを期待されます。電話や予約によって必要なときいつでも治療者と連絡をとることができます。どのようなケースでも，治療者は1年後くらいに患者に会いたいと思うでしょう。セッション12の目標は表13に述べられています。自己療法を中断しないことや個人的成長が終わりのないプロセスであることが強調されます。

ジルはセルトラリンの中断による問題はありませんでした。これは，セルトラリンなしで自分は生きていけるという考えを強めました（少しの幸運がしばしば精神療法に精気を与えます）。彼女はこう私に言いました。「私は完全に『犬』を追い払ってしまいたい（彼女は，まだ犬がそこにいると感じていた）」。そして彼女は6カ月間海外に行くことを決めました。「私の人生のすべての領域で変化が必要です」。彼女は発展途上国をピックアップしました。彼女は自分が直面している挑戦がわかっていました。私は彼女にその期間の後（9カ月後にのびていました）に会いました。彼女は，最後の面接のときよりもずっと良くなっていました。彼女はまたイタリアでの現在の仕事を変える計画をしていました。

表13：セッション12の目標
1．治療を終結することについての患者の気持ちを確認する。
2．ウェルビーイング日記を概観する。ウェルビーイングの様々な領域や苦痛の量の改善を強調する。
3．WBTによる自己療法を制限する困難について話し合う。
4．認知再構成によってウェルビーイングの心理学的側面を調整する。
5．将来のブースターセッションの利用可能性を確認する。フォローアップを調整する。

「私は成長している」と彼女は笑顔で言いました。

向精神薬の中断

　近年，不安症に対する薬物療法において革新的な変化が起こりました。それは，ベンゾジアゼピンに代わり抗うつ薬（特にSSRIやベンラファキシンやデュロキセチン）が使用されるようになってきたというものです[10-12]。エビデンスは，ベンゾジアゼピンが抗うつ薬と比較して同等以上に有効であり副作用が少ないことを示していることを考えると[10]，このような変化は，精神医学のプロパガンダの最たる目覚ましい到達点とみなすことができます。この変化の主要な動機は，ベンゾジアゼピンの依存のリスクです。しかし，新規の抗うつ薬のほとんどでも同等かそれ以上の問題が起こります。シアラ・ラファニール（Chiara Rafanelli）とエレナ・トンバ（Elena Tomba）とともに，私たちは広場恐怖を伴うパニック症患者にSSRIを段階的に減薬することによって生じる離脱症状の有病率を調べました[28]。条件は最適で，すべての患者は行動的治療によって完全寛解に達し，心理学的に減薬や断薬の準備が整っていました。驚いたことに，20名の患者のうち9名（45％）が離脱症状を経験し，1カ月以内に3名の患者を除くすべての患者で離脱症

状が治りました。それらの 3 名の患者は全員，パロキセチンを処方されており，睡眠困難，イライラ，過覚醒を伴い，気分の悪化，疲労，感情的な不安定さを交互に呈しました[28]。

　この知見を出版した後に，私は多くの患者からメールをもらい，それらの患者によって私はそうした持続する事後の離脱疾患は私が思っていたよりもよくあることで，それらを記述するウェブサイトで私に警鐘を鳴らしてくれました。私は友人に助けを求めることを決めました。その友人はガイ・シュナード（Guy Chouinard）教授で，最も重要な精神薬理学者の 1 人であり，多くの薬を臨床実践に紹介した人です。彼は持続的な事後の離脱疾患の現象を私たちが報告するよりも先に報告していました[29]。私たちのグループの他の研究者，カルロッタ・ベレス（Carlotta Belaise）とアレージア・ガッティ（Alessia Gatti）とシュナードの娘ビルジーニ‒アンナ（Virginie-Ann）の協力で，ウェブサイトが批判的に検討され，私たちの臨床的な資料が解釈されました[30]。文献の系統レビューは，SSRI や SNRI の離脱反応について製薬業界が作り出した「断薬症候群」という用語が確実にミスリーディングであることを示しています。これらの持続的な事後の離脱性疾患を克服するためにどのようにすれば患者の役に立つでしょうか？　カルロッタ・ベレスとともに，私たちは，CBT/WBT の段階的な組み合わせによる治療を開発しました。これは週 1 回 6 セッションから 16 セッションで構成されています[19]。ジルのケースに見られるように，「抗うつ薬の後の人生がある」というメッセージを伝えることが重要です。そして WBT はこの自由への経路において役に立つツールであるかもしれません。

第18章

心的外傷後ストレス障害

　心的外傷後ストレス障害（Post-traumatic Stress Disorder：PTSD）は，注目を集めている障害です。PTSDの診断基準は，DSM-5でさらに複雑になっています[1]。その診断基準には，実際に（または危うく）死ぬような，または重傷や性的な暴力を負うような出来事に直面することが含まれています。症状としては，侵入的な（トラウマ体験の）想起，苦痛な夢とフラッシュバック，心的外傷的出来事と関連した刺激の持続的な回避，そして認知，気分，覚醒，反応の変化といった症状が含まれています[1]。幅広いCBTの傘下で，様々なアプローチが行われてきました。それらのアプローチは一般的に，内部刺激への曝露，すなわち心的外傷的記憶に焦点を当てており[2]，行動的技法（想像曝露），認知再構成法，心理教育を単独で，あるいは組み合わせる（認知処理療法として）ことによって直面します。また眼球運動による脱感作と再処理法（eye movement desensitization and reprocessing：EMDR）とイメージリハーサル療法のような他の技法と関連づけることもあります[2]。

　私はいつも，患者に心的外傷を再体験させることが本当に必要なのか，それとも回復する別の道があるのか疑問に思っていました。私はPTSD患者を診察することはめったにありません。私が診察するときには，中核となる心的外傷的な出来事を扱うこと，イメージ曝露やデブリーフィ

ングを使うこと，あるいは向精神薬を用いることはほとんどありません。私はマークス（Marks）教授とこれらのケースについて話し合う機会を持ち，共同刊行物[3]でそれらを報告するよう彼にすすめられました。ある2人の患者のうち，一方ではホームワークで曝露を行った後に逐次的にWBT（ケース1）を実施し，もう一方では，WBTのみ（ケース2）としてうまく治療が進みました。彼らの中核となる心的外傷は，初回の問診でのみ話し合われました。このケースについて簡単に説明します。

ケース1

トーマスは発展途上国で布教活動をして働く58歳の神父でした。ある夜，2人の泥棒が布教活動中に押し入り，一度トーマスを刺しました。もう一度刺されそうになり，危うく殺されるかというときに，外の騒音で泥棒が逃げていきました。トーマスは，昼夜を問わずに鮮明に繰り返される自分を殺そうとしていた男のイメージを伴う，本格的なPTSDを発症しました。PTSDの発症によって彼はイタリアに戻り，その症状によって仕事を再開することができなかったため，刺されてから6カ月はイタリアで援助を求めていました。彼は外出するたびに再び刺されることを恐れていたので，彼の移動は大きく制限されていました。トーマスは，イタリアでも回避していた状況（例えば，夜間に外出する，バスに乗る）に曝露するホームワークを行うようすすめられており，彼はすべてやり遂げていました。彼は週に2回のセッションを4週行った後に大きく改善しましたが，ミサや懺悔を行うといった聖職者の活動を再開することはできませんでした。そうしてWBTが始まりました。トーマスは，体調が良い時期，それに対する妨害思考，そしてその思考に関する認知再構成を観察し記録しました（表1）。患者は潜在的な「観察者」として解釈を書き留めていくのです。トーマスは8週間にわたる4回のWBTのセッションの後に，イタリアの教区で神父としての仕事を再開

表1：ウェルビーイングのエピソードに関する自己観察

状況	ウェルビーイングの感覚（0-100）	妨げになる思考／行動	観察者の解釈
街を歩いている。美しい朝だ。	ついに調子が良いぞ。もう恐れや不安はない。(80)	私はこれに値しない。私の同僚が難しい問題に対応しなければならないのに，私はここで楽しい時間を過ごしている。	他人を助ける方法はたくさんある。私の人生を変える時がきたのだ。

し，発展途上国に戻らないこと以外は，全般的な不安，不眠，鮮明なイメージ，あるいは明らかな回避を示すことはありませんでした。彼は繰り返し発展途上国に戻るという状況に直面しましたが，イタリアと比べると発展途上国での布教活動では，自分は十分に活動できないだろうと話していました。治療から2年後，彼は以前に布教活動をしていた場所を訪れ，2週間滞在しました。1年後のフォローアップで，彼は刺される前よりも，特に懺悔者の役割においてはるかに気分が良いと感じていました。「私は学んだのです」と彼は言いました。「心理学的ウェルビーイングが重要であるということです。もし気分が良いと感じていたら，健康が伝わります。もし苦しんでいれば，私の同僚の多くが抱いているような悲観的な宗教観が伝わります」。彼は8年後のフォローアップでも良好な状態を保っていました。

ケース2

アンは28歳の銀行員で，6カ月前に職場で銀行強盗を目撃しました。そのとき自分自身が脅かされたわけではありませんが，彼女はすぐに中断される睡眠，悪夢，全般的な不安，集中困難，新たな強盗への恐怖を発症しました。彼女は回避をすることはなかったため，週2回のWBT

表2：ウェルビーイングのエピソードに関する自己観察

状況	ウェルビーイングの感覚（0-100）	妨げになる思考／行動	観察者の解釈
1日の終わりに銀行を離れる。	今日はすべてが円滑に進んだ。私はほとんどリラックスしていた。(70)	今日は運の良い日だった。でも，運は続かない。何でも私の欠点を明らかにしうるのだ。	仕事中に予期せぬ問題が起こったときにはいつでも，あなたはそれに対処してきたわ。あなたは今5年間働いていて，不満はないのよ。

セッションを8週にわたって受けました。日記の内容から，彼女は業務中の型通りではない問題に対応すること，予期しない出来事への恐れ，仕事とその他の生活での進歩と発展がないことといった，日々の出来事に対処することが困難であることを明らかにしました。セラピーの終結までに，彼女は業務上の難しい問題にうまく対処すること，そして過去の職場での困難と将来職場で起こりそうな多くの問題との間の類似点を理解すること（経験の移転：transfer of experiences）に達成感を得ることができました。彼女は強盗を目撃したときに悲鳴をあげたり，危険にさらされたりしなかったことは運が良かったと思っていました。アンは，また強盗にあうことだけではなく，予期せぬ出来事（顧客との問題でさえ）も恐れていました（表2）。達成感と個人的成長の感覚（予期せぬ問題に対処する十分なスキルを身につけていたことに気づくこと）を得ることによって，彼女はまた強盗にあうことへの恐怖から逃れることができたのです。表2は，彼女がどのようにして妨害となる自動思考の観察者として振る舞うことができたのか，どのようにしてそれらの代わりとなる解釈を身につけることができたのかを示しています。6年目のフォローアップでも，完全寛解の状態が続いていました。

トラウマを克服する

　これら2つのケースの結果は，もちろん慎重に解釈されるべきですが（患者は自然と寛解した可能性もあります），心的外傷を克服し，レジリエンスを育む別の方法を示している興味深い結果です。PTSDにおけるWBTの役割は，RCTによって評価される必要がありますが，いくつもの興味深い観察が可能です。

　これらのケースは，中核となる心的外傷的記憶への曝露が発症の改善に重要ではないことを明らかにしたMarksら[4]によるRCTの結果を支持し，恐怖を軽減するには様々な方法があるだろうという考え[3]と一致しています。心的外傷体験によって，人は日常生活の中で関連する手がかりを回避してしまいます（例えば，自動車事故の後に運転することをやめる，あるいは同じような事故が起こったと耳にすることを恐れてメディアのニュースを避ける）。WBTの重要なポイントである経験の転移（過去にうまく対処した問題と，起こる可能性が高い問題との類似点を認識すること）は，この方向に役立つかもしれません[5]。認知再評価，あるいは有害な出来事やネガティブな出来事をポジティブな観点から認知的に見直す能力は，レジリエンスと強く関係しています[6]。レジリエンスに関連する神経生物学的な研究では，異なる神経回路（報酬，恐怖条件付けおよび恐怖消去，社会的行動）が，特に扁桃体，側坐核，内側前頭前野といった同じ脳構造にどの程度関わるかを明らかにしています[6,7]。再固定化（reconsolidation）は，再び活性化された古い記憶が統合されるプロセスです。つまり，外傷体験の記憶が取り出されるたびに進行中の知覚的な体験と感情的な体験が統合されているのです。この統合には，N－メチル－o－アスパラギン酸（NMDA）とβ－アドレナリン作動性受容体が関係しており，環状アデノシン一リン酸（cAMP）応答エレメント結合タンパク質を必要とします[6,7]。先行する臨床的な知見に基づいて，シンガー（Singer）ら[8]は，WBTが海馬の樹状突起ネッ

トワークを刺激し，扁桃体基底外側部（恐怖またはストレス体験の記憶を貯蔵する場所）でスパイン退縮を誘発し，それによって苦痛で心的外傷的な記憶を弱めることができると示唆しました。つまり，ウェルビーイングと苦痛が単純に正反対ではないことから，ウェルビーイング療法の病理生物学的基盤は，症状を重視する認知行動的な戦略と比べると異なっている可能性があるのです。

　このことから，PTSDに対してWBTを用いることができるかもしれないのです。上述した2ケースは，表面上は関連していますが，2つの異なるプロトコルを使用しています。1つ目のケースは，パニックと広場恐怖について述べた第17章にもあるように，WBTを用いた行動的介入を使っていました（行動的介入を行った部分は短く，12セッションではなく合計で8セッション実施しました）。もう1つのケースでは，本書の第2部で詳細に述べた8セッションのプロトコルを使いました。まだ検証はされていませんが，WBTは，子どもの頃の逆境体験による成人の心理的な後遺症にも対処する役割を果たすかもしれません[9, 10]。

　心的外傷後成長（post traumatic growth）があるように，心的外傷的体験によってポジティブな変化が生じる可能性もある，という事実への認識が高まっています[11]。ポジティブな変化は，自己概念（例えば，自身の強みとレジリエンスに対する新たな評価），人生における新たな可能性の認識，社会的関係，価値の階層性と優先順位，精神的成長という点で観察することができます[12]。WBTは独自に，心的外傷後成長のプロセスを促進することに適しているかもしれません。

第 19 章

児童・青年

　第3章で述べたように，フルオキセチンと CBT/WBT との併用は，大うつ病の児童と青年における薬物単独での治療と比べると，再発リスクの軽減に効果的です[1]。青年期の場合は，第2部に記載されている成人向けのプロトコルを用いることができます。しかし，より若い年代には，それ相応の修正がなされるべきです。児童期の心理学的問題の治療に関する WBT の実現可能性は，4人の子どもを対象としたパイロット研究によって示唆されています[2]。この研究では，8セッションの子どものウェルビーイング療法のプロトコルが開発されました[2]。エリサ・アリビエリ（Elisa Albieri）とダリア・ヴィサニー（Dalila Visani）は，このアプローチをさらに精緻化し，12セッションに拡大しました[3]。

　成人の場合とは異なり，ウェルビーイングの心理学的側面は，子どもの持ってくるマテリアルによるのではなく，計画された手順で導入されます。私自身，私の臨床経験に基づき，高い柔軟性があるアプローチを使っており，このアプローチは子どもとの作業で得られた洞察を考慮したものです[1-3]。この仕事を始めてしばらくは，児童相談クリニックに勤めていました[4]。それ以来，私の臨床実践の多くは成人を対象としていますが，児童と青年の評価と治療を続けていました。WBT のプロトコルは，8～14歳の子どもたちに適しています。

初回アセスメント

　プロトコルを適用する前に，まずは慎重なアセスメントを行うべきです。通常，私は最初に子どもだけに会ってから，（可能であれば）両親あるいはそのいずれかと話をします。私は子どもと，日常生活に関する循環的な面接を行います。例えば，子どもの起床時間，学校にいる時間，学校から帰宅する時間，自宅で過ごす時間や外出の時間，夕食，夕食後の時間，睡眠の質を順番に尋ねます[4]。1日の同じ時間に戻って，同じ質問をもう一度聞くことから，これは循環的なのです。得られる情報量は相当なもので，3度繰り返すことさえあります。子どもの1週間をチェックすることは，面接の度に繰り返されます。こうした子どもとの経験によって，経験する可能性のある症状についてのアセスメントに限定することなく，成人の患者でも実際にどのような生活をしているか尋ねるようになりました。このアプローチによって，生活スタイルに関する情報[5]を多く得ることができることは興味深いものです。そのような情報は，DSMの基準を提供する標準化面接[6]によって得られるようなことを補い，精密にするのです。もし治療歴があるなら，それも見過ごしてはなりません。

　マクロ分析は，児童において特に重要となっており，児童期の患者にWBTを適用するための基礎を提供するものです。気分障害と不安症においては，通常 WBT より先に感情的な症状を扱う CBT を用いますが，臨床的判断によって最も適切な経路が示唆されるべきです。1週間おきに1時間のセッションを8回行うプログラムについて説明しますが，セッション数には幅広いバリエーションがあるでしょう。各セッションには，ホームワーク，ゲーム，ロールプレイが含まれています。必要なとき，特に行動的な提案が出されるときには，セッションの最後の15分を両親の面接に用いることもあるでしょう。

表1：ウェルビーイング日記

状況	ウェルビーイング	ウェルビーイングの感覚 (0-100)*

*）0はウェルビーイングが全くない，100は子どもが実際に経験できた最も強いウェルビーイングの感覚を指します。

セッション1

現在と過去の苦痛を子どもがどのように感じるか，セラピストは子どもの説明を聴取します。子どもは，簡単な物語，動物，色，表情，身体的なジェスチャーを用いて，ポジティブな感情を特定し，認識し，表現することを教わります。大人と同じような方法で，子どもは日記を使って自分に起こったポジティブな出来事を報告するよう求められます（表1）。

セッション2

セラピストは過去2週間の日記を確認し，子どもが日記を書き上げたことについて褒めたり，書き上げるうえで難しかった点を分析したりします。子どもは，これまでに受け取った褒め言葉をいくつか思い出して，それらに関する自身の気持ちを表現するよう求められます。また，日記に書かれたポジティブな生活状況のモニタリングを続けていくよう励まされるのです。この段階では，子どもの心理学的ウェルビーイングを強

表2：苦痛日記

状況	苦痛	苦痛の感覚（0-100）*

*）0は苦痛が全くない，100は子どもが実際に経験してきた最も強い苦痛の感覚を指します。

調するという正の強化子を活用することが重要です。子ども自身がある分野で優れていることに気づくことは役に立ちますし，他の分野でのパフォーマンスを改善することができるかもしれません。最適経験があるかどうかを評価することも役に立ちます。

セッション3

セラピストは過去2週間の日記を確認し，書き上げるうえで難しかった点を分析します。子どもは，誰かに良くすることが難しいこと，さらに予期しない褒め言葉を受け取ることが嬉しいことについて考えるよう求められます。また，表2に示されている図式にしたがって，その時間内に起こりうるネガティブな感情もいくつか追加して，ホームワークを続けるよう求められます。

セッション4

セラピストは過去2週間の日記を確認し，書き上げるうえで難しかった点を分析します。セラピストは，ポジティブな状況とネガティブな状

況を比べることで，状況を解釈する方法が私たちのポジティブな感情またはネガティブな感情に大きく影響する可能性があることを説明します。子どもは，自身のポジティブな状況に関する日記だけを続けるよう求められます。

セッション5

　セラピストは過去2週間の日記を確認します。セラピストは，提示される資料に適用されるであろうウェルビーイングの心理学的な要素を探します。特に，セラピストと子どもは，ヨホダ（Jahoda）の幅広い枠組み[7]を使って，子どもが環境をコントロールしている状況のリストをまとめるようにします。子どもは，日記に他の状況を追加し，ポジティブな状況の記録を続けるよう励まされます。求められた行動変容は，ホームワークとして日記に書き込まれます。

セッション6

　セラピストは，心理学的ウェルビーイングの枠組みに沿って検討できる問題を探しながら，過去2週間の日記を確認していきます。特に，子どもは，自分がすでに持っている能力と育もうとしている能力についてよく考えるよう求められます。いくつかの簡単な問題解決技法について説明します。子どもは日記を続けるように求められます。求められる行動変容は，ホームワークとして日記に書き込まれます。

セッション7

　セラピストは，心理学的ウェルビーイングの枠組みに沿って検討すべき問題を探しながら，過去2週間の日記を確認していきます。特に，子

どもは，どのような行動が，自身の感じ方と他者との関係の改善につながるかについてよく考えるよう求められます。子どもは日記を続けるように求められます。求められる行動変容は，ホームワークとして日記に書き込まれます。

セッション 8

セラピストは，子どもと両親との共同セッションで，ここまで成し遂げてきたことを確認し，治療終結後の行動変容の実施について，実践的なアドバイスをします。子どもとその家族は，必要なときにはいつでも電話をしたり，再来したりするよう促されます。

現在のところ，臨床現場における子どもの WBT は，1つの RCT [1]においてのみ用いられていて，他の適切な比較試験による検証を待っている状態です。したがって，概説されたプロトコルは，予備的なツールとしてしか見られないのです。

教育現場

私たちは，WBT に基づくプロトコルがレジリエンスと心理学的ウェルビーイングのメカニズムの促進に適している可能性があるということを示す3つの RCT を教育現場で行いました。

私は同僚たち（アルファベット順で Elisa Albieri, Carlotta Belaise, Emanuela Offidani, Fedra Ottolini, Chiara Ruini, Elena Tomba, Dalila Visani）とこのプロトコルを開発しています。最初の予備試験では，111名の中学生を，(a)認知行動療法に基づく理論と技法を用いるプロトコル，(b) WBT によるプロトコルのいずれかに無作為に割り付ける学校介入（2時間のセッションをクラスで4回実施）を行いました。どちらの学校単位の介入も，症状と心理学的ウェルビーイングを同じくら

い改善させることがわかりました[8]。このパイロット研究によって，心理的苦痛を予防する，そして子ども間で最適な人間の機能を促進するという点で，ウェルビーイングを向上させる方略はCBTに匹敵する可能性があることが示唆されたのです。

　WBTとCBTのアプローチにおける異なる効果として，後に続く，より多くのセッションや十分なフォローアップを含む他の統制された学校介入によって明らかにされてきています[9]。この試験では，162名の中学生が(a)WBTに基づくプロトコル，(b)不安のマネジメント（AM）プロトコルのいずれかに無作為に割り付けられました。その結果，AMは不安だけを改善させたのに対し，WBTはPWBの自律性得点[10]と，SQの親和性得点[11]を有意に改善させたのです。

　WBTの学校介入は，気分障害と不安症の「リスクが高い」とされている高校生にも広がっていきました[3]。227名の生徒を対象に学校介入が行われました[12]。研究対象のクラスは無作為に(a)WBTに基づくプロトコル，またはリラクセーションと生徒から出た共通の問題とその問題解決をグループディスカッションする(b)注意プラセボ（AP）プロトコルのいずれかに割り付けられました。WBTの介入は，APと比較して，個人的成長を中心に心理学的ウェルビーイングの促進に効果的であることがわかりました。さらに，特に不安と身体化といった苦痛の軽減においてもWBTは効果的だったのです。フォローアップではAP群での改善はほぼ消失していた一方で，不安と身体化の軽減というWBTプロトコルの有益な効果は維持されていました[12]。こうして，これらの結果は，教育現場におけるWBTがポジティブ感情と心理学的ウェルビーイングという点で持続する効果を生み出す可能性があることを示しました。これらの比較試験[8,9,12]で用いられたプロトコルは，他でも詳細に述べられています[13]。各セッションは，教師の立ち会いのもと，2人の心理学者によって行われます。

　児童と青年を対象として，WBTが大きな可能性を示すことに疑いは

ないでしょう。その主な理由は，この年代を特徴づける高い柔軟性であり，これはヨホダの言葉では，「新しいバランスの達成」に役に立つということです[7]。この可能性は，臨床現場から教育現場まで広がっていくでしょう。

第 20 章

新しい方向性

　私が今まで調査してきた臨床応用では，WBT は単独で使用されることはめったにありませんでした。一般的に，WBT は精神疾患とその併存疾患の複雑さに適合する段階的アプローチの一部だったのです。統制された方法で試験を実施するときはいつでも，WBT によって臨床的アプローチに漸進的な有効性を加えることができるということが示されてきました。その完全な臨床応用がいまだに発展途上であることもまた明らかなのです。発展する可能性がある 2 つの主な領域があり，1 つは精神的アプローチタイプ（個人，グループ，家族を対象でも）としての WBT の実施，もう 1 つは新しい分野での適用です。

実践の形式

　これまで行われてきた研究の多くは，WBT を個人療法の 1 つの形として用いてきました。例外は，イランで実施された大学生を対象とした集団療法[1]とイタリアで実施された授業形式[2-4]に代表されます。とりわけ集団形式によって最適経験と心理学的ウェルビーイングの個人的な意味を共有することが増える可能性があるため，確かに WBT は集団形式が適しているといえます。まだ試験は行われていませんが，WBT の

介入が夫婦や家族介入の有効性を高めることも考えられます。カウフマン（Kauffman）とシバーマン（Silberman）[5]は，カップルセラピーの結果を改善する可能性があるポジティブ心理学的介入の適応について説明しています。関係性においてポジティブな側面を育むことは，実際に多くの家族またはカップルアプローチの対象であり，WBTの要素によってそのようなプロセスが促進するかもしれません。

　個人レベルでは，GADに関する私たちの研究[6]で，ウェルビーイングのエピソードをモニタリングすることを追加することで，どのようにすればWBTが自動思考と非機能的なスキーマをより包括的にカバーできるかを明らかにしました。つまり，WBTはいかなるCBTの治療パッケージにも役立つ補完物なのでしょう。このように既存の治療をWBTで補完することは，標準的な薬物治療または精神療法による治療に反応しない患者の割合が高い場合に，特に価値があるでしょう[7]。薬物治療と精神療法の両方で，決められた内容の治療を続ける（コンプライアンス）には継続力と動機づけが必要とされます[8]。したがって，WBTはコンプライアンスを向上させたり，または全面的な回復に向けた前進に影響を与える抵抗に対処したりしていることが考えられるのです[9]。実際に，基本的な要求に応じることを拒絶するといった臨床上の現象は，認知行動的実践で共通して見られます。

　さらなる問題は，WBTと認知療法の中で心理学的ウェルビーイングを間接的に促進させる可能性のある他の技法との違いが含まれています。他の技法とは，行動活性化，スキーマ療法，マインドフルネス認知療法，アクセプタンス＆コミットメント・セラピー，強み（strength）に基づくCBT[10]といったものです。主な違いは治療の焦点です（認知療法は心理的苦痛に焦点を当てているのに対し，ウェルビーイング療法は感情的ウェルビーイングに焦点を当てます）。もう1つの重要な違いは，WBTの目標が心理学的ウェルビーイングの促進であるのに対して，認知療法の目標はコントロールと対比を通した苦痛の軽減であるという

ことです。ウェルビーイング療法は，幅広い自己療法の中にある，方略の1つとして概念化することができるでしょう。

　もう1つの違いは，認知行動的枠組みとは異なり，ウェルビーイング療法でははじめから患者に理論と方略を説明することを控えるものの，患者のポジティブな自己に関する進歩についての評価を頼りにしているという事実です。例えば，不安に苦しむ患者は，不安を日常生活の避けられない要素と見なしており，それを環境のコントロールと自己受容の進歩を促進させることで弱めることが可能になるかもしれません。マクレオド（MacLeod）とルゾン（Luzon）[10]は，WBTが元のモデルから異なる焦点に移行したら，CBTとして考えることができるのだろうかと疑問を投げかけています。焦点と技法様式もまた，ポジティブ心理学的介入とは全く異なるのです[11]。このような違いは，WBTが臨床上の問題に取り組むために臨床現場から生まれたこと，そして検証のプロセスにはいくつかの無作為化比較試験が関わったという事実にも由来しています。ほとんどのポジティブ心理学的介入はセルフヘルプ形式で提供されており，ときには対面指導と併用して，あるいは非常に異質な集団や非臨床群に対して提供されます。その主な目的は，一般的に幸福，ポジティブな感情，積極性の促進であり，WBTに描かれているような心理学的ウェルビーイングの側面のバランスを追求することとは非常に対照的なのです。本書の第2部で説明されているように，過剰な積極性もまた弊害をもたらすかもしれません。

　さらに，WBTでは個々の研究対象者が損なっているウェルビーイングにおける特定の心理学的側面を扱います。その結果として，WBTとポジティブ心理療法[12]，ウィズダム（wisdom）療法[13]，コンパッション介入法[14]，ポジティブコーチング[15]，ホープ（hope）療法[16]，強み（strength）に基づくアプローチ[17]，許し（forgiveness）療法[18]，生活の質（quality of life）療法[19]といったアプローチとは大きな違いがあるのです。

新たな分野への適用

これまでの章で説明したもの以外にも，WBTを適用できる可能性がある領域があります。いくつかの例を以下に説明します。

医学的疾患

心理社会的要因（日常生活の機能，精神症状と心理的症状，生活の質，病的行動）を考慮する必要性が，研究と患者のケアにおける決定的な役割として浮かび上がってきています[20]。これらの側面は，治癒することがない慢性疾患において特に重要であり，慢性疾患患者の家族介護者や保健医療従事者にも当てはまります[20]。

したがって，病気の経験によって引き起こされる制限と困難な課題に対抗するために，医学的疾患におけるWBTの役割を仮定することができると考えられます。心筋梗塞後の抑うつ症状と麻痺に対処するために，シアラ・ラファニール（Chiara Rafanelli）が率いる無作為化比較試験が現在進行中です。患者はCBT/WBTの段階的な併用か臨床マネジメントに割り付けられます。心血管系の合併症の予防という観点から，まずまずの成果をあげた過去の試験[21]と違い，この研究では心理学的ウェルビーイングの改善に焦点を広げています。シアラ・ラファニールが心筋梗塞に苦しんでいる患者をどうにかしようと試みていることは，何らかの形でリハビリテーション医学と関係しており，また別のWBTの発展に関する重要な可能性のある領域です[20]。実際に，リハビリテーションのプロセスは，介入の主なターゲットとして，ウェルビーイングの促進と生活スタイルの変容が必要なのです[20]。

摂食障害

エレナ・トンバ（Elena Tomba）ら[22]は，健常群と比べて摂食障害患者の心理学的ウェルビーイングが有意に損なわれていることを最近明

らかにしました．この研究は，もとは気分障害と不安症の残遺期で最初に実施されたものであり[23]，摂食障害における WBT の価値を評価するための下地を作ることでしょう．WBT は特にボディイメージの障害に関係する可能性があり，WBT は，摂食障害と関連があっても[22]なくても[24,25]，特にボディイメージの障害と関係があるかもしれません．

強迫症

侵入的な不安を引き起こす思考は，強迫症の主な特徴です[26]．強迫症の患者は，思考を制御する方法として，罰，心配，再評価，社会的統制を，健常群よりも頻繁に使っています[27]．強迫症患者と健常者の間で最も使用頻度が異なるのは，罰のようです．臨床的観察（第 2 章参照）によって，強迫症において，不安を引き起こす思考の前に，ウェルビーイングを感じる瞬間が起こっていることが多い可能性があることが示唆されました．したがって，これらの患者は，不安に関連してウェルビーイングの閾値が低いのかもしれません．この仮説は対照試験で検証する必要があり，革新的な治療戦略をもたらすかもしれません．

精神病性障害

ペン（Penn）ら[28]は，WBT が精神病性障害における CBT の付加的な構成要素として機能的なアウトカムを改善する役割を担っていると仮定しています．実際，主観的ウェルビーイングは統合失調症で損なわれているようで，報酬処理中の前帯状活動の低下と関係しており，環境内の刺激と，刺激によって誘発された行動と，行動に伴う報酬の統合を減少させるかもしれません[29]．

高齢者

老化に伴う心理学的ウェルビーイングの低下と，人生の目的とセルフケアとの関連という点を考慮すると[30]，WBT によって高齢者のレジリ

エンスが刺激される可能性があると考えられます。個人療法と集団療法のいずれもが追求されるこのアプローチの意味は，必ずしも医学的，精神医学的な併存疾患を持つ患者に限定されず，むしろ一般集団に拡大されるでしょう。学校現場で検証されたWBTの集団介入の方法論は，老人ホーム，居住施設，その他の高齢者の集まる場にも適用することができるでしょう。

第 21 章

さらなる発展に向けて

　私が読者であるあなたに本書を通じて共有した旅路は，患者，同僚，書籍，考えとの出会いに満ちたものでした。私の旅路に触発されて，心理療法家が WBT で必要とされる視点を取り入れることを願っています。それらの視点は概して内科医にも役立つことでしょう。

　心理学的ウェルビーイングに注目し，患者と一緒にモニタリングを開始することがはじめの一歩です。すでに CBT を実践している人は，これらの最初の一歩を問題なく実施できることがよくわかるでしょう。WBT は，ほとんどの場合，構造化された介入に追加される構成要素として実施されます。このように付加的に実施されることで，その適用が促進されるでしょう。しかしながら，WBT を正しく用いるためには，マクロ分析とミクロ分析，そして第 4 章で詳細が述べられた各種アセスメントに精通する必要があります。WBT を使いこなすことは，もっと複雑なことであるのは確かです。私は概して，能力のある精神療法家の同僚に，WBT を自身の患者に試してみるよう後押ししますが，他の精神療法の技法と同じように，適切なフィードバックとスーパーヴィジョンが必要です。そのような理由から，私は WBT の訓練と WBT 実施者の認定プロセスを始めました。情報は，ウェブサイト（www.well-being-therapy.com）を参照してください。

WBT の目標は，野心的に思えるかもしれません。ラテンの哲学者セネカが著書「De vita beata（幸福な人生について）」で述べているように，幸せを探し求めれば求めるほど，幸せは得にくくなります。幸福が，すべてではなく，必要なことは「felicitates intellectus」，つまり，ウェルビーイングを自覚することです。

　「幸福とは，（こうして）人生が人生そのものに自然に合致していることなのです。そして，幸福になれるのは，それを自覚したときだけです。その第一歩は，いかなるときも健康であることです。それから，幸せが強く，精力的であり，ちゃんと耐えられるものであるなら，すべてをコントロールできます。体やその所属に関する懸念はあるが，不安はないこと。自分の人生を愛しているが，執着はしないこと。幸運な贈り物の足下を積極的に見るが，それに拘束されないこと」（セネカの「幸福な人生について」から著者が翻訳）

文　献

第1章

1 Fava GA, Sonino N: Psychosomatic medicine. Int J Clin Practice 2010;64:999–1001.
2 Engel GL: A unified concept of health and disease. Perspect Biol Med 1960;3:459–485.
3 Engel GL: The need for a new medical model. Science 1977;196:129–136.
4 Lipowski ZJ: Physical illness and psychopathology. Int J Psychiatry Med 1974;5:483–497.
5 Fava GA, Sonino N, Wise TN (ed): The Psychosomatic Assessment. Basel, Karger, 2012.
6 Engel GL: 'Psychogenic' pain and the pain-prone patient. Am J Med 1959;26:899–918.
7 Fava GA, Tomba E, Grandi S: The road to recovery from depression. Psychother Psychosom 2007;76:260–265.
8 Fava GA: Do antidepressant and antianxiety drugs increase chronicity in affective disorders? Psychother Psychosom 1994;61:125–131.
9 Levy SB: The Antibiotic Paradox: How Miracle Drugs Are Destroying the Miracle. New York, Plenum, 1992.
10 Andrews PW, Kornstein SG, Halberstadt LJ, Gardner CO, Neale MC: Blue again: perturbational effects of antidepressants suggest monoaminergic homeostasis in major depression. Front Psychol 2011;2:159.
11 Fava GA, Kellner R: Prodromal symptoms in affective disorders. Am J Psychiatry 1991;148:823–830.
12 Fava GA: The concept of recovery in affective disorders. Psychother Psychosom 1996;65:2–13.
13 Bech P: Clinical Psychometrics. Chichester, Wiley, 2012.
14 Ryff CD: Happiness is everything, or is it? Explorations on the meaning of psychological well-being. J Pers Soc Psychol 1989;6:1069–1081.
15 Jahoda M: Current Concepts of Positive Mental Health. New York, Basic Books, 1958. https://archive.org/details/currentconceptso-00jaho
16 Parloff MB, Kelman HC, Frank JD: Comfort, effectiveness, and self-awareness as criteria of improvement in psychotherapy. Am J Psychiatry 1954;11:343–351.
17 Ellis A, Becker I: A Guide to Personal Happiness. Hollywood, Melvin Powers Wilshire Book Company, 1982.
18 Fordyce MW: A program to increase happiness. J Couns Psychol 1983;30:483–498.
19 Padesky CA: Schema change processes in cognitive therapy. Clin Psychol Psychother 1994;1:267–278.
20 Frisch MB: Quality of life therapy and assessment in health care. Clin Psychol Sci Pract 1998;5:19–40.
21 Horowitz MJ, Kaltreider NB: Brief therapy of stress response syndrome. Psychiatr Clin N Am 1979;2:365–377.

第2章

1 Horwitz RI, Singer BH, Makuch RW, Viscoli CM: Can treatment that is helpful on average be harmful to some patients? J Clin Epidemiol 1996;49:395–400.
2 Abramson J: Overdosed America. New York, Harper, 2005.
3 Fava GA: Do antidepressant and antianxiety drugs increase chronicity in affective disorders? Psychother Psychosom 1994;61:125–131.
4 Linden M: How to define, find and classify side effects in psychotherapy. Clin Psychol Psychother 2013;20:286–296.
5 Barrett MS, Berman J: Is psychotherapy more

effective when therapists disclose information about themselves? J Consult Clin Psychol 2001;69:597–603.
6 Beck AT: Cognitive Therapy and the Emotional Disorders. New York, International Universities Press, 1976.
7 Engel GL: 'Psychogenic' pain and the pain-prone patient. Am J Med 1959;26:899–918.
8 Jahoda M: Current Concepts of Positive Mental Health. New York, Basic Books, 1958.
9 Ryff CD: Happiness is everything, or is it? Explorations on the meaning of psychological well-being. J Pers Soc Psychol 1989;6:1069–1081.

第3章

1 Ryff CD: Psychological well-being revisited. Psychother Psychosom 2014;83:10–28.
2 Guidi J, Fava GA, Bech P, Paykel ES: The Clinical Interview for Depression: a comprehensive review of studies and clinimetric properties. Psychother Psychosom 2011;80:10–27.
3 Kellner R: A symptom questionnaire. J Clin Psychiatry 1987;48:268–274.
4 Rafanelli C, Park SK, Ruini C, Ottolini F, Cazzaro M, Grandi S, Fava GA: Rating well-being and distress. Stress Med 2000;16:55–61.
5 Fava GA: Well-being therapy: conceptual and technical issues: Psychother Psychosom 1999;68:171–179.
6 Fava GA, Grandi S, Zielezny M, Canestrari R, Morphy MA: Cognitive behavioral treatment of residual symptoms in primary major depressive disorder. Am J Psychiatry 1994;151:1295–1299.
7 Fava GA, Rafanelli C, Cazzaro M, Conti S, Grandi S: Well-being therapy: a novel psychotherapeutic approach for residual symptoms of affective disorders. Psychol Med 1998;28:475–480.
8 Fava GA: The concept of recovery in affective disorders. Psychother Psychosom 1996;65:2–13.
9 Fava GA, Grandi S, Zielezny M, Rafanelli C, Canestrari R: Four-year outcome for cognitive behavioral treatment of residual symptoms in major depression. Am J Psychiatry 1996;153:945–947.
10 Fava GA, Ruini C, Rafanelli C, Finos L, Conti S, Grandi S: Six-year outcome of cognitive behavior therapy for prevention of recurrent depression. Am J Psychiatry 1998,161:1872–1876.
11 Fava GA, Rafanelli C, Grandi S, Conti S, Belluardo P: Prevention of recurrent depression with cognitive behavioral therapy: preliminary findings. Arch Gen Psychiatry 1998;55:816–820.
12 Frank JD, Frank B: Persuasion and Healing. Baltimore, Johns Hopkins University Press, 1991.
13 Fava GA, Sonino N: Psychosomatic medicine. Int J Clin Practice 2010;64:999–1001.
14 Fava GA, Ruini C, Rafanelli C, Finos L, Conti S, Grandi S: Six-year outcome of cognitive behavior therapy for prevention of recurrent depression. Am J Psychiatry 2004;161:1872–1876.
15 Stangier U, Hilling C, Heidenreich T, Risch AK, Barocka A, Schlösser R, Kronfeld K, Ruckes C, Berger H, Röschke J, Weck F, Volk S, Hambrecht M, Serfling R, Erkwoh R, Stirn A, Sobanski T, Hautzinger M: Maintenance cognitive-behavioral therapy and manualized psychoeducation in the treatment of recurrent depression: a multicenter prospective randomized controlled trial. Am J Psychiatry 2013;170:624–632.
16 Kennard BD, Emslie GJ, Mayes TL, Nakonezny PA, Jones JM, Foxwell AA, King J: Sequential treatment with fluoxetine and relapse-prevention CBT to improve outcomes in pediatric depression. Am J Psychiatry 2014;171:1083–1090.
17 Offidani E, Fava GA, Sonino N: Iatrogenic comorbidity in childhood and adolescence: new insights from the use of antidepressant drugs. CNS Drugs 2014;28:769–774.
18 Moeenizadeh M, Salagame KKK: The impact of well-being therapy on symptoms of depression. Int J Psychol Stud 2010;2:223–230.
19 Fava GA, Ruini C, Rafanelli C, Finos L, Salmaso L, Mangelli L, Sirigatti S: Well-being

therapy of generalized anxiety disorder. Psychother Psychosom 2005;74:26–30.
20 Beck AT, Emery G: Anxiety Disorders and Phobias. Cambridge, Basic Books, 1985.
21 Fava GA, Rafanelli C, Tomba E, Guidi J, Grandi S: The sequential combination of cognitive behavioral treatment and well-being therapy in cyclothymic disorder. Psychother Psychosom 2011;80:136–143.
22 Bech P, Kastrup M, Rafaelsen OJ: Mini-compendium of rating scales for states of anxiety, depression, mania, schizophrenia with corresponding DSM-III syndromes. Acta Psychiatr Scand 1986;73(suppl 326):1–37
23 Fava GA, Tomba E: Increasing psychological well-being and resilience by psychotherapeutic methods. J Pers 2009;77:1903–1934.
24 Wright JH, McCray LW: Breaking Free from Depression. Pathways to Wellness. New York, Guilford Press, 2012.

第 4 章

1 Fava GA, Guidi J, Rafanelli C, Sonino N: The clinical inadequacy of evidence-based medicine and a need for a conceptual framework based on clinical judgment. Psychother Psychosom 2015;84:1–3
2 Healy D: Irrational healers? Psychother Psychosom 2008;77:198–200.
3 Marks IM: Fears, Phobias and Rituals. New York, Oxford University Press, 1987.
4 American Psychiatric Association: Diagnostic and Statistical Manual of Mental Disorders (DSM-5). Arlington, American Psychiatric Association, 2013.
5 Fava GA, Rafanelli C, Tomba E: The clinical process in psychiatry: a clinimetric approach. J Clin Psychiatry 2012;73:177–184.
6 Fava GA, Sonino N, Wise TN (eds): The Psychosomatic Assessment. Basel, Karger, 2012.
7 Emmelkamp PMG, Bouman TK, Scholing A: Anxiety Disorders. Chichester, UK, Wiley, 1993.
8 Fava GA, Rafanelli C, Tomba E, Guidi J, Grandi S: The sequential combination of cognitive behavioral treatment and Well-Being Therapy in cyclothymic disorder. Psychother Psychosom 2011;80:136–143.
9 Tomba E: Nowhere patients. Psychother Psychosom 2012;81:69–72.
10 Ryff CD: Psychological well-being revisited: advances in the science and practice of eudaimonia. Psychother Psychosom 2014;83:10–28.
11 Kellner R: A symptom questionnaire. J Clin Psychiatry 1987;48:268–274.
12 Fava GA, Tomba E: Increasing psychological well-being and resilience by psychotherapeutic methods. J Pers 2009;77:1903–1934.
13 Guidi J, Fava GA, Bech P, Paykel ES: The Clinical Interview for Depression: a comprehensive review of studies and clinimetric properties. Psychother Psychosom 2011;80: 10–27.
14 Vanheule S, Desmet M, Meganck R, Inslegers R, Willemsen J, De Schryver M, Devitsch I: Reliability in psychiatric diagnosis with DSM. Psychother Psychosom 2014;83:313–314.
15 Zimmerman M: Screening for bipolar disorder. Psychother Psychosom 2014;83:259–262.
16 Cosci F, Fava GA: Staging of mental disorders: a systematic review. Psychother Psychosom 2013;82:20–34.

第 5 章

1 Wright JH, McCray LW: Breaking Free from Depression. Pathways to Wellness. New York, Guilford Press, 2012.

第 6 章

1. Fava GA, Rafanelli C, Grandi S, Conti S, Ruini C, Mangelli L, Belluardo P: Long-term outcome of panic disorder with agoraphobia treated by exposure. Psychol Med 2001;31: 891–898.
2. Fava GA, Grandi S, Rafanelli C, Ruini C, Conti S, Belluardo P: Long-term outcome of social phobia treated by exposure. Psychol Med 2001;31:899–905.
3. Emmelkamp PM: Self-observation versus flooding in the treatment of agoraphobia. Behav Res Ther 1974;12:229–237.
4. Meehl PE: Hedonic capacity: some conjectures. Bull Menninger Clin 1975;39:295–307.
5. Emmons RA, McCullough ME: Counting blessings versus burdens: an experimental investigation of gratitude and subjective well-being in daily life. J Pers Soc Psychol 2003;84: 377–389.
6. Burton CM, King LA: The health benefits of writing about intensely positive experiences. J Res Pers 2004;38:150–163.
7. Tossani E: The concept of mental pain. Psychother Psychosom 2013;82:67–73.
8. Csikszentmihalyi M, Csikszentmihalyi I (eds): Optimal Experience. Psychological Studies of Flow in Consciousness. New York, Cambridge University Press, 1988.
9. Delle Fave A, Fava GA: Positive psychotherapy and social change; in Biswas-Diener R (ed): Positive Psychology as Social Change. New York, Springer, 2011, pp 267–291.
10. Delle Fave A: Past, present, and future of flow; in David SA, Bomwell I, Conley Agers A (eds): The Oxford Handbook of Happiness. Oxford, Oxford University Press, 2013, pp 60–72.
11. Jahoda M: Current Concepts of Positive Mental Health. New York, Basic Books, 1958.
12. Ryff CD: Psychological well-being revisited: advances in the science and practice of eudaimonia. Psychother Psychosom 2014;83:10–28.

第 7 章

1. Ellis A, Becker I: *A Guide to Personal Happiness*. Hollywood, Melvin Powers Wilshire Book Company, 1982.
2. Beck AT, Rush AJ, Shaw BF, Emery G: Cognitive Therapy of Depression. New York, Guilford Press, 1979.
3. Csikszentmihalyi M, Csikszentmihalyi I: Optimal Experience. Psychological Studies of Flow in Consciousness. New York, Cambridge University Press, 1988.
4. Massimini F, Delle Fave A: Individual development in a bio-cultural perspective. Am Psychol 2000;55:24–33.

第 8 章

1. Wright JH, McCray LW: Breaking free from depression. Pathways to wellness. New York, Guilford Press, 2012.
2. Jahoda M: Current Concepts of Positive Mental Health. New York, Basic Books, 1958.
3. Ryff CD: Psychological well-being revisited: advances in the science and practice of eudaimonia. Psychother Psychosom 2014;83:10–28.
4. Fava GA, Tomba E: Increasing psychological well-being and resilience by psychotherapeutic methods. J Pers 2009;77:1903–1934.
5. Ruini C, Fava GA: The individualized and cross-cultural roots of Well-Being Therapy; in Fava GA, Ruini C (eds): Increasing Psychological Well-Being in Clinical and Educational Settings. Dordrecht, Springer, 2014, pp 21–39.
6. Held BS: The tyranny of positive attitudes in America. J Clin Psychol 2002;58:965–992.

第9章

1. Jahoda M: Current Concepts of Positive Mental Health. New York, Basic Books, 1958.
2. Ryff CD: Psychological well-being revisited: advances in the science and practice of eudaimonia. Psychother Psychosom 2014;83:10–28.
3. Fava GA, Tomba E: Increasing psychological well-being and resilience by psychotherapeutic methods. J Pers 2009;77:1903–1934.
4. Ruini C, Fava GA: The individualized and cross-cultural roots of Well-Being Therapy; in Fava GA, Ruini C (eds): Increasing Psychological Well-Being in Clinical and Educational Settings. Dordrecht, Springer, 2014, pp 21–39.

第10章

1. Jahoda M: Current Concepts of Positive Mental Health. New York, Basic Books, 1958.
2. Ryff CD: Psychological well-being revisited: advances in the science and practice of eudaimonia. Psychother Psychosom 2014;83:10–28.
3. Fava GA, Tomba E: Increasing psychological well-being and resilience by psychotherapeutic methods. J Pers 2009;77:1903–1934
4. Ruini C, Fava GA: The individualized and cross-cultural roots of Well-Being Therapy; in Fava GA, Ruini C (eds): Increasing Psychological Well-Being in Clinical and Educational Settings. Dordrecht, Springer, 2014, pp 21–39.
5. Uchino BN, Cacioppo JT, Kiecolt-Glaser JK: The relationship between social support and physiological processes: a review with emphasis on underlying mechanisms and implications for health. Psychol Bull 1996;119:488–531.
6. Fava GA, Sonino N: Psychosomatic medicine. Int J Clin Practice 2010;64:999–1001.
7. Ryff CD, Singer BH: Interpersonal flourishing: a positive health agenda for the new millennium. Pers Soc Psychol Rev 2000;4:30–44.
8. Fabbri S, Fava GA, Rafanelli C, Tomba E: Family intervention approach to loss of clinical effect during long-term antidepressant treatment: a pilot study. J Clin Psychiatry 2007;68:1348–1351.

第11章

1. Wood AM, Tarrier N: Positive clinical psychology. Clin Psychol Rev 2010;30:819–829.
2. Garamoni GL, Reynolds CF 3rd, Thase ME, Frank E, Berman SR, Fasiczka AL: The balance of positive and negative affects in major depression: a further test of the States of Mind model. Psychiatry Res 1991;39:99–108.
3. Jahoda M: Current Concepts of Positive Mental Health. New York, Basic Books, 1958.
4. Fava GA, Rafanelli C, Cazzaro M, Conti S, Grandi S: Well-Being Therapy. A novel psychotherapeutic approach for residual symptoms of affective disorders. Psychol Med 1998;28:475–480.
5. Ryff CD: Psychological well-being revisited: advances in the science and practice of eudaimonia. Psychother Psychosom 2014;83:10–28.
6. Rafanelli C, Park SK, Ruini C, Ottolini F, Cazzaro M, Fava GA: Rating well-being and distress. Stress Med 2000;16:55–61.
7. Klerman GL, Weissman MM, Rounsaville BJ, Chevron ES: Interpersonal Psychotherapy of Depression. New York, Basic Books, 1984.
8. MacLeod AK, Luzon O: The place of psychological well-being in cognitive therapy; in Fava GA, Ruini C (eds): Increasing Psychological Well-Being in Clinical and Educational Settings. Dordrecht, Springer, 2014, pp 41–55.
9. Jacobson NS, Martell CR, Dimidjian S: Behavioral activation treatment for depression.

Clin Psychol Soc Pract 2001;8:225–270.
10 Segal ZV, Williams JMG, Teasdale JD: Mindfulness-Based Cognitive Therapy for Depression. New York, Guilford Press, 2002.
11 Goyal M, Singh S, Sibinga EMS, Gould NF, Rowland-Seymour A, Sharma R, Berger Z, Sleicher D, Maron DD, Shihab HM, Ranasinghe PD, Linn S, Saha S, Bass EB, Haythornthwaite JA: Meditation programs for psychological stress and well-being: a systematic review and meta-analysis. JAMA Intern Med 2014;174:357–368.
12 Hayes SC, Strosahal K, Wilson KG: Acceptance and Commitment Therapy. New York, Guilford Press, 1999.
13 Powers MB, Zum Vörde Sive Vörding MB, Emmelkamp PMG: Acceptance and commitment therapy: a meta-analytic review. Psychother Psychosom 2009;78:73–80.
14 Padesky CA, Mooney K: Strengths-based cognitive-behavioural therapy: a four-step model to build resilience. Clin Psychol Psychother 2012;19:283–290.

第 12 章

1 Guidi J, Fava GA, Bech P, Paykel ES: The Clinical Interview for Depression: a comprehensive review of studies and clinimetric properties. Psychother Psychosom 2011;80: 10–27.
2 Ryff CD: Psychological well-being revisited: advances in the science and practice of eudaimonia. Psychother Psychosom 2014;83:10–28.
3 Kellner R: A symptom questionnaire. J Clin Psychiatry 1987;48:268–274.
4 Kellner R: Improvement criteria in drug trials with neurotic patients. Part 2. Psychol Med 1972;2:73–80.
5 Jahoda M: Current Concepts of Positive Mental Health. New York, Basic Books, 1958.

第 13 章

1 Jahoda M: Current Concepts of Positive Mental Health. New York, Basic Books, 1958.
2 Ryff CD: Psychological well-being revisited: advances in the science and practice of eudaimonia. Psychother Psychosom 2014;83:10–28.

第 14 章

1 Judd LL: The clinical course of unipolar major depressive disorders. Arch Gen Psychiatry 1997;54:989–991.
2 Fava GA: Subclinical symptoms in mood disorders. Psychol Med 1999;29:47–61.
3 Fournier JC, DeRubeis RJ, Hollon SD, Dimidjian S, Amsterdam JD, Shelton RC, Fawcett J: Antidepressant drug effects and depression severity: a patient-level meta-analysis. JAMA 2010;303:47–53.
4 Fava GA: Rational use of antidepressant drugs. Psychother Psychosom 2014;83:197–204.
5 Paykel ES, Hollyman JA, Freeling P, Sedgwick P: Predictors of therapeutic benefit from amitriptyline in mild depression: a general practice placebo-controlled trial. J Affect Disord 1988;14:83–95.
6 Offidani E, Fava GA, Tomba E, Baldessarini RJ: Excessive mood elevation and behavioral activation with antidepressant treatment of juvenile depressive and anxiety disorders: a systematic review. Psychother Psychosom 2013;82:132–141.
7 Fava GA, Tomba E: New modalities of assessment and treatment planning in depression. CNS Drugs 2010;24:453–465.
8 Fava GA: Long-term treatment with antide-

pressant drugs: the spectacular achievements of propaganda. Psychother Psychosom 2002; 71:127–132.
9 Diagnostic and Statistical Manual of Mental Disorders, ed 5. Arlington, American Psychiatric Association, 2013.
10 Fava GA, Kellner R: Staging: a neglected dimension in psychiatric classification. Acta Psychiatr Scand 1993;87:225–230.
11 Cosci F, Fava GA: Staging of mental disorders: systematic review. Psychother Psychosom 2013;82:20–34.
12 Tomba E, Fava GA: Treatment selection in depression: the role of clinical judgment. Psychiatr Clin North Am 2012;35:87–98.
13 American Psychiatric Association: Practice Guideline for the Treatment of Patients with Major Depressive Disorder, ed 3. Am J Psychiatry 2010;167(suppl):1–118.
14 Perry PJ: Pharmacotherapy for major depression with melancholic features. J Affect Disord 1996;39:1–6.
15 Tomba E: Nowhere patients. Psychother Psychosom 2012;81:69–72.
16 Fava GA, Rafanelli C, Grandi S, Conti S, Belluardo P: Prevention of recurrent depression with cognitive behavioral therapy: preliminary findings. Arch Gen Psychiatry 1998;55: 816–820.
17 Fava GA, Grandi S, Zielezny M, Canestrari R, Morphy MA: Cognitive behavioral treatment of residual symptoms in primary major depressive disorder. Am J Psychiatry 1994;151: 1295–1299.
18 Guidi J, Fava GA, Bech P, Paykel ES: The Clinical Interview for Depression: a comprehensive review of studies and clinimetric properties. Psychother Psychosom 2011;80: 10–27.
19 Marks IM: Fears, Phobias and Rituals: Panic, Anxiety and Their Disorders. New York, Oxford University Press, 1987.
20 Beck AT, Rush AJ, Shaw BF, Emery G: Cognitive Therapy of Depression. New York, Guilford, 1979.
21 Fava GA, Guidi J, Semprini F, Tomba E, Sonino N: Clinical assessment of allostatic load and clinimetric criteria. Psychother Psychosom 2010;79:280–284.
22 Fava GA, Fabbri S: Drug-resistant and partially remitted depression; in Wishman MA (ed): Adapting Cognitive Therapy for Depression. New York, Guilford Press, 2008, pp 110–131.
23 Kaymaz N, van Os J, Loonen AJ, Nolen WA: Evidence that patients with single versus recurrent depressive episodes are differentially sensitive to treatment discontinuation: a meta-analysis of placebo-controlled randomized trials. J Clin Psychiatry 2008;69:1423–1436.
24 Viguera AC, Baldessarini RJ, Friedberg J: Discontinuing antidepressant treatment in major depression. Harv Rev Psychiatry 1998; 5:293–306.
25 Gardarsdottir H, van Geffen EC, Stolker JJ, Egberts TC, Heerdink ER: Does the length of the first antidepressant treatment episode influence risk and time to a second episode? J Clin Psychopharmacol 2009;29:69–72.
26 Gardarsdottir H, Egberts TC, Stolker JJ, Heerdink ER: Duration of antidepressant drug treatment and its influence on risk of relapse/recurrence: immortal and neglected time bias. Am J Epidemiol 2009;170:280–285.
27 Moret C, Isaac M, Briley M: Problems associated with long-term treatment with selective serotonin reuptake inhibitors. J Psychopharmacol 2009;23:967–974.
28 Belaise C, Gatti A, Chouinard VA, Chouinard G: Persistent postwithdrawal disorders induced by paroxetine, a selective serotonin reuptake inhibitor, and treated with specific cognitive behavioral therapy. Psychother Psychosom 2014;83:247–248.
29 Fava GA, Gatti A, Belaise C, Guidi J, Offidani E: Withdrawal symptoms after selective serotonin reuptake inhibitor discontinuation: a systematic review. Psychother Psychosom 2015;84:72–81.
30 Guidi J, Tomba E, Fava GA: The sequential integration of pharmacotherapy and psychotherapy in the treatment of major depressive disorder: a meta-analysis of the sequential model and a critical review of the literature. Am J Psychiatry 2015, Epub ahead of print.
31 Wood AM, Joseph S: The absence of positive psychological (eudemonic) well-being as a risk factor for depression: a ten year cohort study. J Affect Disord 2010;122:213–217.
32 Risch AK, Taeger S, Brudern J, Stangier U:

Psychological well-being in remitted patients with recurrent depression. Psychother Psychosom 2013;82:404–405.

33 Bondolfi G, Jermann F, Van der Linden M, Gex-Fabry M, Bizzini L, Rouget BW, Myers-Arrazola L, Gonzalez C, Segal Z, Aubry JM, Bertschy G: Depression relapse prophylaxis with Mindfulness-Based Cognitive Therapy: replication and extension in the Swiss health care system. J Affect Disord 2010;122:224–231.

34 Godfrin KA, van Heeringen C: The effects of mindfulness-based cognitive therapy on occurrence of depressive episodes, mental health and quality of life: a randomized controlled study. Behav Res Ther 2010;48:738–746.

35 Segal ZV, Bieling P, Young T, MacQueen G, Cooke R, Martin L, Bloch R, Levitan RD: Antidepressant monotherapy vs sequential pharmacotherapy and mindfulness-based cognitive therapy, or placebo, for relapse prophylaxis in recurrent depression. Arch Gen Psychiatry 2010;67:1256–1264.

36 Stangier U, Hilling C, Heidenreich T, Risch AK, Barocka A, Schlösser R, Kronfeld K, Ruckes C, Berger H, Röschke J, Weck F, Volk S, Hambrecht M, Serfling R, Ertkwoh R, Stirn A, Sobanski T, Hautzinger M: Maintenance cognitive-behavioral therapy and manualized psychoeducation in the treatment of recurrent depression: a multicenter prospective randomized controlled trial. Am J Psychiatry 2013;170:624–632.

37 Williams JMG, Crane C, Barnhofer T, Brennan K, Duggan DS, Fennel MJV, Hackmann A, Krusche A, Muse K, Von Rohr IR, Shah D, Crane RS, Eames C, Jones M, Radford S, Silverton S, Sun Y, Wheatherley-Jones E, Whitaker CJ: Mindfulness-based cognitive therapy for preventing relapse in recurrent depression: a randomized dismantling trial. J Consult Clin Psychol 2014;82:275–286.

38 Fava GA, Rafanelli C, Grandi S, Canestrari R, Morphy M: Six-year outcome for cognitive behavioral treatment of residual symptoms in major depression. Am J Psychiatry 1998;155:1443–1445.

39 Fava GA, Ruini C, Rafanelli C, Finos L, Conti S, Grandi S: Six-year outcome of cognitive behavior therapy for prevention of recurrent depression. Am J Psychiatry 2004;161:1872–1876.

40 Fava GA, Offidani E: The mechanisms of tolerance in antidepressant action. Prog Neuropsychopharmacol Biol Psychiatry 2011;35:1593–1602.

41 Rush AJ, Trivedi MH, Wisniewski SR, Nierenberg AA, Stewart JW, Warden D, Niederehe G, Thase ME, Lavori PW, Lebowitz BD, McGrath PJ, Rosenbaum JF, Sackeim HA, Kupfer DJ, Luther J, Fava M: Acute and longer-term outcomes in depressed outpatients requiring one or several treatment steps: a STAR*D report. Am J Psychiatry 2006;163:1905–1917.

42 Carvalho AF, Berks M, Hyphantis TN, McIntyre R: The integrative management of treatment-resistant depression: a comprehensive review and perspectives. Psychother Psychosom 2014;83:70–88.

43 Sonino N, Fava GA: Tolerance to antidepressant treatment may be overcome by ketoconazole. J Psychiatr Res 2003;37:171–173.

44 Meulenbeek P, Christenhusz L, Bohlmeijer E: Well-Being Therapy in the Netherlands. Psychother Psychosom 2015;84:316–317.

45 Williams N, Simpson AN, Simpson K, Nahas Z: Relapse rates with long-term antidepressant drug therapy: a meta-analysis. Hum Psychopharmacol 2009;24:401–408.

46 Paykel ES, Tanner J: Life events, depressive relapse and maintenance treatment. Psychol Med 1976;6:481–485.

47 Fava GA, Ruini C, Rafanelli C, Grandi S: Cognitive behavior approach to loss of clinical effect during long-term antidepressant treatment: a pilot study. Am J Psychiatry 2002;159:2094–2095.

第 15 章

1. Merikangas KR, Akiskal HS, Angst J, Greenberg PE, Hirschfeld RM, Petukhova M, Kessler RC: Lifetime and 12-month prevalence of bipolar spectrum disorder in the National Comorbidity Survey replication. Arch Gen Psychiatry 2007;64:543–552.
2. Batstra L, Frances A: Holding the line against diagnostic inflation in psychiatry. Psychother Psychosom 2012;81:5–10.
3. Whitaker R: Anatomy of an Epidemic: Magic Bullets, Psychiatric Drugs and the Astonishing Rise of Mental Illness in America. New York, Crown Publishers, 2010.
4. Baldessarini RJ, Vázquez G, Tondo L: Treatment of cyclothymic disorder: commentary. Psychother Psychosom 2011;80:131–135.
5. Akiskal HS, Khan MK, Scott-Strauss A: Cyclothymic temperamental disorders. Psychiatr Clin North Am 1979;2:527–554.
6. Guidi J, Fava GA, Bech P, Paykel ES: The Clinical Interview for Depression: a comprehensive review of studies and clinimetric properties. Psychother Psychosom 2011;80:10–27.
7. Fava GA, Rafanelli C, Tomba E, Guidi J, Grandi S: The sequential combination of cognitive behavioral treatment and well-being therapy in cyclothymic disorder. Psychother Psychosom 2011;80:136–143.
8. Tomba E, Rafanelli C, Grandi S, Guidi J, Fava GA: Clinical configuration of cyclothymic disturbances. J Affect Disord 2012;139:244–249.
9. Baldwin DS, Allgulander C, Bandelow B, Ferre F, Pallanti S: An international survey of reported prescribing practice in the treatment of patients with generalised anxiety disorder. World J Biol Psychiatry 2012;13:510–516.
10. Fava GA, Offidani E: The mechanisms of tolerance in antidepressant action. Prog Neuropsychopharmacol Biol Psychiatry 2011;35:1593–1602.
11. Offidani E, Fava GA, Tomba E, Baldessarini RJ: Excessive mood elevation and behavioral activation with antidepressant treatment of juvenile depressive and anxiety disorders: a systematic review. Psychother Psychosom 2013;82:132–141.
12. Colom F, Vieta E: Sudden glory revisited: cognitive contents of hypomania. Psychother Psychosom 2007;76:278–288.
13. Winters KC, Neale JM: Mania and low self-esteem. J Abnorm Psychol 1985;94:282–290.
14. Johnson FN: Different treatment modalities for recurrent bipolar affective disorders. Psychother Psychosom 1986;46:13–22.
15. Fava GA: Subclinical symptoms in mood disorder. Psychol Med 1999;29:47–61.
16. Miklowitz DJ: Adjunctive psychotherapy for bipolar disorder. Am J Psychiatry 2008;165:1408–1419.
17. Fava GA, Bartolucci G, Rafanelli C, Mangelli L: Cognitive-behavioral management of patients with bipolar disorder who relapsed while on lithium prophylaxis. J Clin Psychiatry 2001;62:556–559.

第 16 章

1. Diagnostic and Statistical Manual of Mental Disorders, ed 5. Arlington, American Psychiatric Association, 2013.
2. Clark DA, Beck AT: Cognitive Therapy of Anxiety Disorders. Science and Practice. New York, Guilford Press, 2010.
3. Fava GA, Tomba E: Treatment of comorbid anxiety disorders and depression; in Emmelkamp PMG, Ehring T (eds): The Wiley Handbook of Anxiety Disorders. Chichester, Wiley, 2014, vol 2, pp 1165–1182.
4. Offidani E, Guidi J, Tomba E, Fava GA: Efficacy and tolerability of benzodiazepines versus antidepressants in anxiety disorders: a systematic review and meta-analysis. Psychother Psychosom 2013;82:355–362.
5. Rickels K: Should benzodiazepines be replaced by antidepressants in the treatment of anxiety disorders? Fact or fiction? Psychother Psychosom 2013;82:351–352.
6. Balon R: Benzodiazepines revisited. Psychother Psychosom 2013;82:353–354.
7. Fava GA, Ruini C, Rafanelli C, Finos L, Salmaso L, Mangelli L, Sirigatti S: Well-Being

Therapy of generalized anxiety disorder. Psychother Psychosom 2005;74:26–30.
8 Butler G, Cullington A, Hibbert G, Klines I, Gelder M: Anxiety management for persistent generalised anxiety. Br J Psychiatry 1987; 15:535–542.
9 Borkovec TP, Newman MG, Pincus AG, Lytle R: A component analysis of cognitive behavioral therapy for generalized anxiety disorder and the role of interpersonal problems. J Consult Clin Psychol 2002;70:288–298.
10 Ruini C, Fava GA: Well-being therapy for generalized anxiety disorder. J Clin Psychol 2009;65:510–519.
11 Cosci F: Well-being therapy in a patient with panic disorder who failed to respond to paroxetine and cognitive behavior therapy. Psychother Psychosom 2015;84:318–319.
12 Fava GA, Tomba E: New modalities of assessment and treatment planning in depression. CNS Drugs 2010;24:453–465.

第 17 章

1 Fava GA, Rafanelli C, Tossani E, Grandi S: Agoraphobia is a disease. Psychother Psychosom 2008;77:133–138.
2 Mayer-Gross W, Slater E, Roth M: Clinical Psychiatry. London, Bailliere Tindall, 1977.
3 Cosci F, Fava GA: Staging of mental disorders. Psychother Psychosom 2013;82:20–34.
4 Fava GA, Mangelli L: Subclinical symptoms of panic disorder: new insights into pathophysiology and treatment. Psychother Psychosom 1999;68:281–289.
5 Furlong FW: Antecedents of 'spontaneous' panic attacks. Am J Psychiatry 1989;146:560.
6 Fava GA, Grandi S, Canestrari R: Prodromal symptoms in panic disorder with agoraphobia. Am J Psychiatry 1988;145:1564–1567.
7 Fava GA, Grandi S, Rafanelli C, Canestrari R: Prodromal symptoms in panic disorder with agoraphobia: a replication study. J Affect Disord 1992;26:85–88.
8 Emmelkamp PMG: Behavior therapy with adults; in Lambert MJ (ed): Bergin and Garfield's Handbook of Psychotherapy and Behavior Change, ed 6. New York, Wiley, 2013, pp 343–392.
9 Fava GA, Rafanelli C, Grandi S, Conti S, Ruini C, Mangelli L, Belluardo P: Long-term outcome of panic disorder with agoraphobia treated by exposure. Psychol Med 2001;31: 891–898.
10 Offidani E, Guidi J, Tomba E, Fava GA: Efficacy and tolerability of benzodiazepines versus antidepressants in anxiety disorders: a systematic review and meta-analysis. Psychother Psychosom 2013;82:355–362.
11 Rickels K: Should benzodiazepines be replaced by antidepressants in the treatment of anxiety disorders? Fact or fiction? Psychother Psychosom 2013;82:351–352.
12 Balon R: Benzodiazepines revisited. Psychother Psychosom 2013;82:353–354.
13 Marks IM, Swinson RP, Başoğlu M, Kuch K, Noshirvani H, O'Sullivan G, Lelliott PT, Kirby M, McNamee G, Sengun S, Wickwire K: Alprazolam and exposure alone and combined in panic disorder with agoraphobia. A controlled study in London and Toronto. Br J Psychiatry 1993;162:776–787.
14 Barlow DH, Gorman JM, Shear MK, Woods SW: Cognitive-behavioral therapy, imipramine, or their combination for panic disorder: a randomized controlled trial. JAMA 2000;283:2529–2536.
15 Fava GA, Savron G, Zielezny M, Grandi S, Rafanelli C, Conti S: Overcoming resistance to exposure in panic disorder with agoraphobia. Acta Psychiatr Scand 1997;95:306–312.
16 Fava GA: Well-being therapy: conceptual and technical issues. Psychother Psychosom 1999; 68:171–179.
17 Cosci F: Well-being therapy in a patient with panic disorder who failed to respond to paroxetine and cognitive behavior therapy. Psychother Psychosom 2015;84:318–319.
18 Fava GA, Rafanelli C, Ottolini F, Ruini C, Cazzaro M, Grandi S: Psychological well-being and residual symptoms in remitted patients with panic disorder and agoraphobia. J Affect Disord 2001;65:185–190.
19 Belaise C, Gatti A, Chouinard V-A, Chouinard G: Persistent postwithdrawal disorders induced by paroxetine, a selective serotonin

reuptake inhibitor, and treated with specific cognitive behavioral therapy. Psychother Psychosom 2014;83:247–248.
20 Marks IM: Fears, Phobias and Rituals. New York, Oxford University Press, 1987.
21 Fava GA, Grandi S, Canestrari R, Grasso L, Pesarin F: Mechanisms of change of panic attacks with exposure treatment of agoraphobia. J Affect Disord 1991;22:65–71.
22 Rafanelli C, Sirri L, Grandi S, Fava GA: Is depression the wrong treatment target for improving outcome in coronary artery disease? Psychother Psychosom 2013;82:285–291.
23 Detre TP, Jarecki HG: Modern Psychiatric Treatment. Philadelphia, Lippincott, 1971.
24 Rifkin A, Pecknold JC, Swinson RP, Ballenger JC, Burrows GD, Noyes R, Dupont RL, Lesser I: Sequence of improvement in agoraphobia with panic attacks. J Psychiatr Res 1990;24:1–8.
25 Fava GA, Zielezny M, Savron G, Grandi S: Long-term effects of behavioural treatment for panic disorder with agoraphobia. Br J Psychiatry 1995;166:87–92.
26 Fava GA, Kellner R: Prodromal symptoms in affective disorders. Am J Psychiatry 1991;148:823–830.
27 Fava GA: Rational use of antidepressant drugs. Psychother Psychosom 2014;83:197–204.
28 Fava GA, Bernardi M, Tomba E, Rafanelli C: Effects of gradual discontinuation of selective serotonin reuptake inhibitors in panic disorder with agoraphobia. Int J Neuropsychopharmacol 2007;10:835–838.
29 Bhanji NH, Chouinard G, Kolivakis T, Margolese HC: Persistent tardive rebound panic disorder, rebound anxiety and insomnia following paroxetine withdrawal. Can J Clin Pharmacol 2006;13:69–74.
30 Belaise C, Gatti A, Chouinard VA, Chouinard G: Patient online report of selective serotonin reuptake inhibitor-induced persistent postwithdrawal anxiety and mood disorders. Psychother Psychosom 2012;81:386–388.
31 Fava GA, Gatti A, Belaise C, Guidi J, Offidani E: Withdrawal symptoms after selective serotonin reuptake inhibitors discontinuation. Psychother Psychosom 2015;84:72–81.
32 Chouinard G, Chouinard VA: New classification of selective serotonin reuptake inhibitor (SSRI) withdrawal. Psychother Psychosom 2015;84:63–71.

第 18 章

1 Diagnostic and Statistical Manual of Mental Disorders, ed 5. Arlington, American Psychiatric Association, 2013.
2 Kulkarni M, Barrad A, Cloitre M: Post-traumatic stress disorder: assessment and treatment; in Emmelkamp PMG, Ehring T (eds): The Wiley Handbook of Anxiety Disorders, Chichester, Wiley, 2014, vol 2, pp 1078–1110.
3 Belaise C, Fava GA, Marks IM: Alternatives to debriefing and modifications to cognitive behavior therapy for post-traumatic stress disorder. Psychother Psychosom 2005;74:212–217.
4 Marks IM, Lovell K, Noshirvani H, Livanou M, Thrasher S: Treatment of post-traumatic stress disorder by exposure and/or cognitive restructuring. Arch Gen Psychiatry 1998;55:317–325.
5 Fava GA, Tomba E: Increasing psychological well-being and resilience by psychotherapeutic methods. J Pers 2009;77:1903–1934.
6 Southwick SM, Charney DS: The science of resilience. Science 2012;338:79–82.
7 Charney DS: Psychobiological mechanisms of resilience and vulnerability. Am J Psychiatry 2004;161:195–216.
8 Singer B, Friedman E, Seeman T, Fava GA, Ryff CD: Protective environments and health status. Neurobiol Aging 2005;265:s113–s118.
9 Faravelli C, Castellani G, Fioravanti G, Lo Sauro C, Pietrini F, Lelli L, Rotella F, Ricca V: Different childhood adversities are associated with different symptom patterns in adulthood. Psychother Psychosom 2014;83:320–321.
10 Ogrodniczuk JS, Joyce AS, Abbass AA: Childhood maltreatment and somatic complaints among adult psychiatric outpatients. Psychother Psychosom 2014;83:322–324.
11 Vazquez C, Pérez-Sales P, Ochoa C: Post-

traumatic growth; in Fava GA, Ruini C (eds): Increasing Psychological Well-Being in Clinical and Educational Settings. Dordrecht, Springer, 2014, pp 57–74.

12 Tedeschi RG, Calhoun LG: The Posttraumatic Growth Inventory: measuring the positive legacy of trauma. J Trauma Stress 1996;9: 455–471.

第 19 章

1 Kennard BD, Emslie GJ, Mayes TL, Nakonezny PA, Jones JM, Foxwell AA, King J: Sequential treatment with fluoxetine and relapse-prevention CBT to improve outcomes in pediatric depression. Am J Psychiatry 2014;171:1083–1090.
2 Albieri E, Visani D, Offidani E, Ottolini F, Ruini C: Well-being therapy in children with emotional and behavioral disturbances: a pilot investigation. Psychother Psychosom 2009;78:387–390.
3 Albieri E, Visani D: The role of psychological well-being in childhood interventions; in Fava GA, Ruini C (eds): Increasing Psychological Well-Being in Clinical and Educational Settings. Dordrecht, Springer, 2014, pp 115–134.
4 Fava GA: Consultation psychiatry in an Italian child guidance center. Child Psychiatry Hum Dev 1981;12:90–95.
5 Tomba E: Assessment of lifestyle in relation to health; in Fava GA, Sonino N, Wise TN (eds): The Psychosomatic Assessment. Basel, Karger, 2012, pp 72–96.
6 Diagnostic and Statistical Manual of Mental Disorders, ed 5. Arlington, American Psychiatric Association, 2013.
7 Jahoda M: Current Concepts of Positive Mental Health. New York, Basic Books, 1958.
8 Ruini C, Belaise C, Brombin C, Caffo E, Fava GA: Well-being therapy in school settings: a pilot study. Psychother Psychosom 2006;75: 331–336.
9 Tomba E, Belaise C, Ottolini F, Ruini C, Bravi A, Albieri E, Rafanelli C, Caffo E, Fava GA: Differential effects of well-being promoting and anxiety-management strategies in a nonclinical school setting. J Anxiety Disord 2010; 24:326–333.
10 Ryff CD: Psychological well-being revisited. Psychother Psychosom 2014;83:10–28.
11 Kellner R: A symptom questionnaire. J Clin Psychiatry 1987;48:268–274.
12 Ruini C, Ottolini F, Tomba E, Belaise C, Albieri E, Visani D, Offidani E, Caffo E, Fava GA: School intervention for promoting psychological well-being in adolescence. J Behav Ther Exp Psychiatry 2009;40:522–532.
13 Visani D, Albieri E, Ruini C: School programs for the prevention of mental health problems and the promotion of psychological well-being in children; in Fava GA, Ruini C (eds): Increasing Psychological Well-Being in Clinical and Educational Settings. Dordrecht, Springer, 2014, pp 177–185.

第 20 章

1 Moeenizadeh M, Salagame KKK: The impact of well-being therapy on symptoms of depression. Int J Psychol Stud 2010;2:223–230.
2 Ruini C, Belaise C, Brombin C, Caffo E, Fava GA: Well-being therapy in school settings: a pilot study. Psychother Psychosom 2006;75: 331–336.
3 Tomba E, Belaise C, Ottolini F, Ruini C, Bravi A, Albieri E, Rafanelli C, Caffo E, Fava GA: Differential effects of well-being promoting and anxiety-management strategies in a nonclinical school setting. J Anxiety Disord 2010; 24:326–333.
4 Ruini C, Ottolini F, Tomba E, Belaise C, Albieri E, Visani D, Offidani E, Caffo E, Fava GA: School intervention for promoting psychological well-being in adolescence. J Behav Ther Exp Psychiatry 2009;40:522–532.

5 Kauffman C, Silberman J: Finding and fostering the positive in relationships: positive interventions in couples therapy. J Clin Psychol 2009;65:520–531.
6 Fava GA, Ruini C, Rafanelli C, Finos L, Salmaso L, Mangelli L, Sirigatti S: Well-being therapy of generalized anxiety disorder. Psychother Psychosom 2005;74:26–30.
7 Pollack MH, Otto MW, Rosenbaum JF (eds): Challenges in Clinical Practice. New York, Guilford, 1996.
8 Sirri L, Fava GA, Sonino N: The unifying concept of illness behaviour. Psychother Psychosom 2013;82:74–81.
9 Strean HS: Resolving Resistances in Psychotherapy. New York, Wiley, 1985.
10 MacLeod AK, Luzon O: The place of psychological well-being in cognitive therapy; in Fava GA, Ruini C (eds): Increasing Psychological Well-Being in Clinical and Educational Settings. Dordrecht, Springer, 2014, pp 41–55.
11 Bolier L, Haverman M, Westerhof GJ, Riper H, Smit F, Bohlmeijer E: Positive psychology interventions. BMC Public Health 2013;13:119.
12 Seligman ME, Rashid T, Parks AC: Positive psychotherapy. Am Psychol 2006;61:774–788.
13 Linden M: Promoting resilience and well-being with wisdom and wisdom therapy; in Fava GA, Ruini C (eds): Increasing Psychological Well-Being in Clinical and Educational Settings. Dordrecht, Springer, 2014, pp 75–90.
14 Wood AM, Maltby J, Gillet R, Linley PA, Joseph S: The role of gratitude in the development of social support, stress and depression. J Res Pers 2008;42:854–871.
15 Biswas-Diener R: Personal coaching as a positive intervention. J Clin Psychol 2009;65:544–553.
16 Geraghty AW, Wood AM, Hyland ME: Dissociating the facets of hope. J Res Pers 2010;44:155–158.
17 Biswas-Diener R, Kashdam TB, Minhas G: A dynamic approach to psychological strength development and intervention. J Posit Psychol 2011;6:106–118.
18 Lamb S: Forgiveness therapy. J Theor Philos Psychol 2005;25:61–80.
19 Frisch MB: Quality of life therapy and assessment in health care. Clin Psychol Sci Pract 1998;5:19–40.
20 Fava GA, Sonino N: Psychosomatic medicine. Int J Clin Pract 2010;64:999–1001.
21 Rafanelli C, Sirri L, Grandi S, Fava GA: Is depression the wrong treatment target for improving outcome in coronary artery disease? Psychother Psychosom 2013;82:285–291.
22 Tomba E, Offidani E, Tecuta L, Schumann R, Ballardini D: Psychological well-being in outpatients with eating disorders. Int J Eat Disord 2014;47:252–258.
23 Rafanelli C, Park SK, Ruini C, Ottolini F, Cazzaro M, Grandi S: Rating well-being and distress. Stress Med 2000;16:55–61.
24 Phillips KA: Body dysmorphic disorder: common, severe and in need of treatment research. Psychother Psychosom 2014;83:325–329.
25 Veale D, Anson M, Miles S, Pieta M, Costa A, Ellison N: Efficacy of cognitive behaviour therapy versus anxiety management for body dysmorphic disorder. Psychother Psychosom 2014;83:341–353.
26 Marks IM: Behaviour therapy for obsessive-compulsive disorder: a decade of progress. Can J Psychiatry 1997;42:1021–1027.
27 Amir N, Cashman L, Foa EB: Strategies of thought control in obsessive-compulsive disorder. Behav Res Ther 1997;35:775–779.
28 Penn DL, Mueser KT, Tarrier N, Gloege A, Cather C, Serrano D, Otto MN: Supportive therapy for schizophrenia. Schizophr Bull 2004;30:101–112.
29 Gilleen J, Shergill SS, Kapur S: Impaired subjective well-being in schizophrenia is associated with reduced anterior cingulated activity during reward processing. Psychol Med 2015;45:589–600.
30 Kim ES, Strecher VJ, Ryff CD: Purpose in life and use of preventive health care services. Proc Natl Acad Sci USA 2014;111:16331–16336.

訳者あとがき

　本書はイタリア・ボローニャ大学のファヴァ（Fava）教授らによって開発されたウェルビーイング療法についてのはじめての解説書，*Well-being Therapy：treatment manual and clinical applications*（Fava, 2016）の全訳です。本書は，3部から構成されています。第1部では，ファヴァ博士がうつ病の再発の問題に取り組む中で心理学的ウェルビーイング（Psychological Well-Being：PWB）という概念と出会い，PWBを促進するために認知行動療法の技法を用いてウェルビーイング療法を開発し，ウェルビーイング療法の有効性を科学的に検証するといった一連の経緯が述べられています。単に，研究知見が淡々と記述されるのではなく，端々にファヴァ教授のユニークなエピソードが添えられており，それらのエピソードがスパイスとなって第一部は一段と味わい深い内容になっています。ウェルビーイング療法の内容をいち早く知りたい方は，マニュアルが説明されている第2部から読んでもよいでしょう。ですが，私は第1部から通して読んでいただくことをおすすめいたします。なぜなら，第1部の3章では，これまでファヴァ教授のチームが行ってきたウェルビーイング療法の臨床試験の情報がまとめられているからです。それらの臨床試験の情報に基づくと，ウェルビーイング療法の有効性に期待が持てるでしょうし，その一方で，まだまだ検証が不十分な部分があることにも気づくことでしょう。科学は批判と検証のプロセスを通じて発展していきます。読者の多くがウェルビーイング療法の臨床試験の情報に触れ，検証を続け，そこから見出だされていく新たな知見が，心身の不調で困難を抱える方々に還元されていくことを願っています。第3部では，ウェルビーイング療法のプロトコルをうつ病，不安症，PTSD，あるいは児童など，事例に応じて調整して適用する具体的な流

れを紹介しています。その中には，すでに臨床試験を通じて有効性が示されているプロトコルもあれば，今後検証的な研究による有効性の検討が期待される段階のものも赤裸々に記載されています。

　本書は，認知行動療法の基本的な技法を習得していることを前提に書かれています。そのため，ウェルビーイング療法の中で用いられる認知行動療法の技法それ自体の詳細な解説は含まれていません。幸い，日本では現在，認知行動療法に関する解説書が豊富に出版されていますので，認知行動療法自体に馴染みのない方は，それらを本書と併せてお読みいただけますとウェルビーイング療法の実施イメージをより具体的に描いていただけるのではないかと思っております。

　私は，2018年3月にイタリアのヴェネチアで開催された，ファヴァ教授のチームが開催するウェルビーイング療法の研修会に参加しました。この研修会には，ドイツ，中国，ギリシャ，アメリカなど，世界中から臨床心理士や精神科医が集まっていました。そして日本語以外にも多様な言語で翻訳が進められていることが紹介されており，ウェルビーイング療法が今後も大きく発展していく期待を抱きました。私はそこではじめて，直接ファヴァ教授とお会いし，日本での翻訳プロジェクトやウェルビーイング療法の臨床試験の計画についても共有する機会をいただきました。それ自体が，私のウェルビーイングを満たす体験でしたが，ミーティングがひと段落した後でファヴァ教授が優しい笑顔に温かなご配慮とユーモアを添えて放った一言で，一段と最高のウェルビーイング体験に変わりました。ファヴァ教授は，滞在期間が短い私に対して，「はじめてのベニスなのだし，もう明日帰るんでしょう？　打ち合わせはこれくらいにして君は観光しにいくべきだよ。そう，君のウェルビーイングのためにね！」とミーティングを締めくくったのでした。ファヴァ教授のチームが築き上げてきた成果をもとに，日本でも，ウェルビーイング療法に関する研究や臨床実践の発展に貢献できるよう精進するためにも，自分の仕事だけではないウェルビーイングの多様な次元を含めて大

切にしていこうと気づきを得て，思わぬ形でウェルビーイング療法をファヴァ教授から直々に処されたのでした。

最後に本書の刊行にあたり編集の労をおとりいただいた星和書店の近藤達哉さんには心から感謝申し上げます。

   2018年3月20日
   ヴェネチアから日本への窮屈なエコノミークラスの席で
   ウェルビーイングを感じながら

               竹林由武

【監修者】

堀越　勝（ほりこし まさる）

国立精神・神経医療研究センター認知行動療法センターセンター長。臨床心理学博士。

【監訳者】

杉浦　義典（すぎうら よしのり）

広島大学大学院総合科学研究科准教授。臨床心理士。

竹林　由武（たけばやし よしたけ）

福島県立医科大学医学部健康リスクコミュニケーション学講座助教，国立精神・神経医療研究センター客員研究員。臨床心理士。
翻訳担当章：巻頭言，第1～4, 16, 17, 21章

【訳者】（五十音順）

駒沢　あさみ（こまざわ あさみ）

国立精神・神経医療研究センター認知行動療法センター科研費研究員。臨床心理士。
翻訳担当章：第14, 15章

竹林　唯（たけばやし ゆい）

福島県立医科大学医学部災害こころの医学講座助手，医療法人和楽会心療内科・神経科赤坂クリニック。臨床心理士。
翻訳担当章：第5～10章

土井　理美（どい さとみ）

東京医科歯科大学医歯学総合研究科国際健康推進医学分野プロジェクト助教，国立精神・神経医療研究センター認知行動療法センター客員研究員。臨床心理士。
翻訳担当章：第18～20章

羽鳥　健司（はとり けんじ）

埼玉学園大学人間学部准教授，東京農業大学健康増進センター心理相談員。臨床心理士，専門健康心理士。
翻訳担当章：第11～13章

【著者】

ジョバンニ・A・ファヴァ (Giovanni A. Fava)

ボローニャ大学臨床心理学教授，米ニューヨーク州立大学バッファロー校の精神科臨床教授。薬物療法と精神療法を組み合わせた段階的なモデル，精神科医療におけるステージングの概念，心理学的ウェルビーイングを増加する新しい精神療法アプローチ，心身医学的苦痛の新たな分類方法（心身医学研究のための診断基準）等，多様な分野で画期的な研究を行っている。1992年以来，Psychotherapy and Psychosomatics（Impact factor 9.37, SCI 心理学ジャーナル第4位）の編集長を務める。科学論文の著作は500編以上に及び，その総引用数は1万回以上にのぼる。

ウェルビーイング療法
治療マニュアルと事例に合わせた使い方

2018年8月15日　初版第1刷発行

著　　者　ジョバンニ・A・ファヴァ
監 修 者　堀越　勝
監 訳 者　杉浦義典　　竹林由武
訳　　者　駒沢あさみ　竹林唯　土井理美　羽鳥健司
発 行 者　石澤雄司
発 行 所　㈱星和書店
　　　　　〒168-0074　東京都杉並区上高井戸1-2-5
　　　　　電話　03（3329）0031（営業部）／03（3329）0033（編集部）
　　　　　FAX　03（5374）7186（営業部）／03（5374）7185（編集部）
　　　　　http://www.seiwa-pb.co.jp
印刷・製本　中央精版印刷株式会社

Printed in Japan　　　　　　　　　　　　　ISBN978-4-7911-0985-2

・本書に掲載する著作物の複製権・翻訳権・上映権・譲渡権・公衆送信権（送信可能化権を含む）は㈳星和書店が保有します。
・JCOPY〈(社)出版者著作権管理機構 委託出版物〉
本書の無断複写は著作権法上での例外を除き禁じられています。複写される場合は、そのつど事前に(社)出版者著作権管理機構（電話 03-3513-6969，FAX 03-3513-6979，e-mail：info@jcopy.or.jp）の許諾を得てください。

ポジティブ心理学入門
幸せを呼ぶ生き方

島井哲志 著
四六判　208p　定価：本体1,800円+税

幸せをよぶ法則
楽観性のポジティブ心理学

スーザン・C・セガストローム 著　島井哲志 監訳　荒井まゆみ 訳
四六判　416p　定価：本体2,600円+税

家族と取り組む強迫性障害克服ワークブック
大切な人を思いやり、症状に巻き込まれないために

K・J・ランズマン，K・M・ルパータス，C・ペドリック 著
堀越勝 監訳　蟹江絢子, 新明一星, 工藤由佳, 小林由季, 小平雅基 訳
A5判　296p　定価：本体2,400円+税

マインドフルネスそしてACT（アクセプタンス&コミットメント・セラピー）へ
二十一世紀の自分探しプロジェクト

熊野宏昭 著
四六判　164p　定価：本体1,600円+税

マインドフルネスで不安と向き合う
不安から自由になり、人生をとりもどす

スーザン・M・オルシロ, リザベス・ローマー 著　仲田昭弘 訳
A5判　440p　定価：本体2,700円+税

発行：星和書店　http://www.seiwa-pb.co.jp